L'Arcipelago Einaudi

74

www.einaudi.it

ISBN 88-06-17089-9

Storie di uno scemo di guerra

Personaggi

Nino
il sor Giulio
l'uomo dietro alla grata
la sora Irma
il parente della sora Irma
il tedesco con la chiazza in faccia
il ragazzino invecchiato
il barbiere
il cane del barbiere
il ragazzino paraculo
il guardiano dei porci
il soldato russo con le scarpe belle
Primo
Giubileo
l'impiegato del ministero fissato con i lavaggi scientifici
Majocchetti
sua figlia, il principe dei barbari, il servo e la figlia del servo
le sorelle polacche
i tedeschi
l'americani
i russi, i cinesi e l'indiani dell'India
le scimmie civili
le mosche pacifiche
i vivi
i morti
i resuscitati

Mio padre era il secondo di quattro fratelli.

Il primo si chiama Ernesto e dopo di lui è nato Gaetano, ma Gaetano è nato morto.

Cosí quando è nato mio padre lo hanno chiamato Gaetano pure a lui in omaggio a quel fratello.

Ma in famiglia gli faceva impressione di chiamarlo col nome del morto ed è per questo motivo che mio padre è sempre stato chiamato Nino.

A questa maniera l'abbiamo chiamato anche noi figli.

Com'era mio padre da ragazzino me lo immagino abbastanza bene. Me lo immagino da quello che mi ha raccontato lui per trent'anni. E me lo immagino pure al camposanto coi genitori mentre se ne vanno a trovare questo fratello morto. E mi immagino che a mio padre gli faceva impressione di portare i fiori su una tomba, vedersi la lapide e trovarci che ci stava scritto il nome suo.

Fa impressione chiamare i vivi col nome dei morti.

E fa impressione pronunciare il nome di un morto e sentire che c'è un vivo che ti risponde.

Anche mio padre ha rischiato di morire da ragazzino, ma a quel tempo era 'na cosa normale.

«Era la vita che si faceva in quell'epoca, – diceva mio padre, – sotto i bombardamenti. La vita dei ragazzini».

Mio padre raccontava che insieme all'altri ragazzini aprivano le bombe. Tiravano fuori la polvere da sparo per farla scoppiare e sentire il botto. Una volta ha portato a casa un proiettile, ha cercato di aprirlo insieme a suo fratello Ernesto, ma il proiettile gli è scoppiato in mano. Mio zio Ernesto c'ha ancora le schegge nella coscia per quel proiettile e mio padre s'è quasi tagliato tre dita.

Ma però non è morto.

Un'altra volta ha rischiato di morire mentre raccoglieva le pigne alla pineta dell'Appio Claudio.

Mio padre stava sull'albero, è passato un tedesco e mio padre gli ha pisciato in testa. Il tedesco gli ha sparato, ma lui ha fatto in tempo a scappare e non è morto manco quella volta.

«Questa era la vita dei ragazzini», diceva mio padre.

E poi ha rischiato di farsi ammazzare il 4 giugno del 1944, il giorno che entrarono l'americani a Roma.

Prima parte

Uno

Era il pomeriggio del 4 giugno 1944.

Stavano tutti fermi sotto la pensilina della scuola Giovanni Cagliero all'angolo tra via delle Cave e la Tuscolana. Da quella pensilina si vedeva fino all'arco di Primavera. E proprio sotto a quell'arco romano era pieno di soldati. A vederli da lontano parevano vestiti in maniera differente dai tedeschi. Per questo la gente sotto alla pensilina della scuola diceva che «quelli so' americani... finalmente so' arrivati l'americani!»

Ma qualcuno era sicuro che erano tedeschi e diceva che «no, vedrai che quelli so' sempre i tedeschi».

E ci stava pure qualcun altro che dava ragione a tutti e due. Qualcuno che gli sembravano tedeschi, ma era sicuro che erano vestiti in maniera diversa dal solito. Diceva che «quelli so' tedeschi travestiti da americani!»

Però nessuno si avvicinava per andare a scoprire il mistero dei soldati vestiti a quella maniera, perché un carro armato Tigre, che era sicuramente tedesco, stava duecento metri piú giú e se qualcuno gli fosse andato incontro gli avrebbe sicuramente sparato. Allora stavano tutti fermi sotto alla pensilina della scuola a guardarsi 'sti soldati come all'intervallo dentro al cinema lo spettatore si guarda lo schermo bianco nell'attesa che ricominci il film.

Nino, mio padre, a quel tempo c'aveva otto anni e alla

fine dell'estate ne avrebbe compiuti nove. In quell'intervallo si allontanò e si mise a girare per le strade attorno alla scuola. Appresso a lui ci stava pure mio nonno Giulio che c'aveva la grande invalidità e camminava zoppo. Mio nonno c'aveva prescia di tornarsene a casa per risolvere una questione urgente circa un maiale vivo da comprarsi in società con altre persone. Cosí lasciarono tutto il gruppetto di spettatori sotto alla pensilina della scuola e incominciarono a girare alla ricerca di una strada tranquilla per tornarsene a casa.

Mio nonno camminava dietro a mio padre e si teneva in mano un'incartata di robba dove c'era un poco di fegato e un ovo che si sarebbero mangiati per cena. Dopo un quarto d'ora erano arrivati verso il sanatorio e in mezzo alle case diroccate gli parve di vedere una cipolla. E gli pareva strano che ci stava quella robba in mezzo alle macerie bombardate. Manco che all'americani gli fossero finite le bombe e avessero incominciato a bombardare a cipolle. Cosí il sor Giulio fece «A Ni', pija quella cipolla...» mentre che si tastava il fegato incartato nel pacchetto e pensava che «il fegato co' la cipolla è 'a manna de Dio...» e insieme all'uovo sarebbe bastato per tutta la famiglia. Nino si buttò sulla cipolla, ma inciampò. Piú che raccoglierla ci cascò sopra. In quel momento gli spararono addosso.

Ecco come rischiò di morire mio padre.

Si sentí arrivare in testa i pezzi di cemento staccati dal marciapiede ma non si capacitò che gli stavano sparando. Il sor Giulio strillò e insieme allo strillo a Nino gli parve di sentire pure lo schiocco del colpo di fucile che rintronava da un palazzo all'altro nell'eco della strada vuota. Vide il marciapiede mezzo sbrecciato e capí che s'era salvato per miracolo. Gli venne pure da ridere a pensare che era quasi morto per colpa di una cipolla. Cosí si alzò da terra e traversò la strada lentamente. Guardava in giro smicciandosi le finestre, i balconi e la cresta dei palazzi per sgamare il buco dal quale il cecchino s'era messo a sparare. «Mortacci sua!» pensò e camminava mostrando la cipolla per fargli capire che non c'aveva niente di pericoloso. La teneva in mano come il gangster del cinematografo che si arrende e esce fuori dal covo con l'arma scarica, la pistola fumante che ha appena sparato l'ultimo colpo. «Mortacci sua de 'sto disgraziato» pensava e in quel mentre che traversava la strada con la cipolla scarica sentí la voce che faceva «A ragazzí riportame la cipolla mia!»

Nino alzò l'occhi seguendo la voce e da dietro a una grata arruzzunita sbucò una mano secca secca. È evidente che attaccato alla mano ci doveva essere tutto il resto di una persona sana. O almeno ci stava la bocca che continuava a ripetere che la cipolla era la sua... che era la sua... che era la sua e Nino gliela doveva riportare.

«E che ce fate co' 'sta cipolla? – gli disse Nino. – È la cipolla vostra? V'è cascata dalla finestra? Ma che state ancora a pensà alle cipolle? Ma che non lo sapete che la guerra è finita?»

Ma quello muoveva il braccetto striminzito nel buco della grata e insisteva con la cipolla... «A ragazzí riportame la cipolla mia! Sennò te sparo un'altra volta e stavolta te cojo...» e Nino gliel'avrebbe pure riconsegnata al padrone, ma la cipolla mandava un odorino acido che era meglio del gelsomino e adesso c'aveva fatto una questione d'orgoglio. Intanto al sor Giulio s'era avvicinata altra gente curiosa e s'era fatta una tifoseria che teneva per Nino contro il misterioso braccetto secco che spuntava dalla grata arruzzunita. E cosí mio padre insistette col discorso che «so' arrivati l'americani! Che non lo sapete che so' arrivati l'americani? Stanno a poche centinaia di metri... si vedono già. Stanno all'arco di Primavera, proprio in cima alla salita del Quadraro!» Gli disse che lui stesso era sicuro d'averli visti... gli disse che, insomma, quella cipolletta striminzita gliela poteva pure lasciare... che adesso gli americani stavano a liberare l'Italia e gli avrebbero portato le cipolle loro, le cipolle americane che dovevano essere una cosa grossa come cocomeri!

«È da ieri sera che i tedeschi stanno scappando da Roma. Tutti lo sanno che è solo questione di una mezza giornata...» e tutti fecero *sí... sí...* con la testa ché era 'na cosa risaputa.

E con la cipolla in mano Nino cercò di arruffianarselo raccontandogli tutto quello che conosceva della grande Storia. La Storia che stava cambiando proprio in quelle ultime ore. Una Storia mondiale che avrebbe sbriciolato uomini e cipolle con il suo procedere portentoso.

Due

Sotto al braccio secco secco che spuntava dalla grata in mezzo a quell'accrocco di case diroccate Nino incominciò a raccontare. Incominciò dalla sera prima. La sera del 3 giugno 1944, quando lui e suo padre Giulio se ne stavano a mangiare dalla sora Irma che teneva la trattoria a fianco del cinema Iris. Ma dire che era sera pareva un'esagerazione visto che per non farsi buggerare dal coprifuoco si erano messi a tavola alle cinque del pomeriggio.

Mio padre raccontava sempre che la sora Irma faceva le porzioni scientifiche. Contava i fagioli, i ceci e i piselli. I grammi di riso erano sempre gli stessi per ogni porzione come anche i mezz'etti di carne e tutto era scarso ma distribuito in maniera democratica. Il piatto economico era la pasta asciutta con la conserva e per ogni piatto metteva tredici spaghetti contati. Ma il pasto di trattoria era un lusso che una persona intera non si poteva permettere, e per stare a tavola in due bisognava smezzarsi la cena. E la questione si aggravava per la complicazione matematica insita nel numero degli spaghetti che essendo tredici diventava impossibile dividerli in due senza fare ingiustizie. Ma invece di ricorrere alle frazioni l'ultimo spaghetto se lo mangiava Nino, e mio nonno Giulio si alleggeriva lo stomaco anche di quel mezzo filo di pasta colorata col pomodoro.

Non che loro si fossero messi seduti in trattoria solo per

mangiarsi un numero cosí misero di spaghetti, visto che pure due stomaci abituati alla guerra c'hanno bisogno di un pasto piú sostanzioso. Il fatto è che la sora Irma era una trattoria dove si portavano pure i cibi propri. Nel senso che il cliente era tenuto a comprare qualcosa per affittarsi il tavolo, ma dopo aver pagato pegno si poteva mangiare la robba che s'era portato da casa sua. E a mio nonno Giulio gli capitava spesso di rimediare qualcosa nel cinema. Ci stava qualcuno che gli portava una ciriola o un po' di frutta per farsi regalare l'ingresso e quella era la robba che rimpolpava le mezze porzioni della sora Irma fino a farle rassomigliare a una cena decente.

Mio padre diceva che il sor Giulio era uno che al cinema ci stava pure per tutta la settimana. Per racimolare qualche lira di piú si metteva a fare tutti e tre i turni. Il pomeriggio vendeva e strappava i biglietti, la notte faceva il guardiano e la mattina scopava per terra e puliva i cessi. A questa maniera non gli rimaneva il tempo per tornarsene alla casa sua del Quadraro e la sora Irma era diventata l'unico posto per mangiare due fili di pasta calda e mettersi seduto in modo da consumare gli avanzi che qualche amante del cinematografo gli rifilava per guardarsi il film a gratis. Quel giorno di inizio giugno per cena ci stava pure qualche fava con un pezzetto di pecorino, che se ci avessero avuto due lire di piú sarebbe stata la morte sua a mangiarselo con un goccetto di vino. Invece si dovettero accontentare di una brocca d'acqua allungata con un bicchiere di bianco tanto per far vedere che pure loro potevano scialare.

Poi alla fine della cena scientifica Nino aveva tirato fuori una pigna e s'era messo a rompere i pinoli sul tavolo della trattoria. La sora Irma, che non c'aveva un locale che era le sette bellezze ma ci teneva al tavolo suo, li cacciò fuori a rompere 'sti pinoli da un'altra parte. Il locale non era stato rimodernato dai tempi della prima guerra, ma per la padrona sarebbe dovuto arrivare sano fino alla terza guerra mondiale senza manco dover ripassare una mano di calce sulle pareti zellose del cesso. Mio nonno si alzò dal tavolo, pagò la cena e con mio padre stavano per uscire e tornarsene verso il cinema... ma prima di mandarli via la sora Irma gli disse che «ci sta un parente mio di Frascati che ha visto certi tedeschi che scappavano. Lui è sicuro che nel giro di qualche giorno arriveranno l'americani, e i tedeschi gli lasceranno la città. Questo parente mio dice che nel disordine delle truppe è riuscito a rubarsi un maiale e se lo vende a mille lire. Io c'ho trecento lire e non riesco a comprarlo...»

«Compratevene solo un pezzo», disse il sor Giulio.

«E no... perché 'sto parente mio il maiale se lo vuole vendere vivo. Dice che c'è pericolo ad ammazzarlo... che mo' l'ha nascosto e la bestia sta tranquilla, ma a scannarla farebbe correre mezzo paese. Io dico che dobbiamo mettere insieme una società e trovare le mille lire per comprarcelo vivo. E poi quando so' arrivati l'americani ammazziamo il maiale e ce lo spartiamo».

Il sor Giulio rivelò che c'aveva da parte duecento lire, che insieme alla somma della sora Irma faceva metà del totale. Ma però mio nonno disse pure che «se me ce metto d'impegno vedrai che mi riesce di trovare qualche altro socio. Qualcuno che c'ha da parte qualche soldo e ci aiuta a comprare il maiale». Disse che c'avrebbe pensato lui. Disse che c'aveva tutta la notte per pensarci. Uscí dalla trattoria e tornò con mio padre al cinema. Nel frattempo si faceva la lista dei possibili soci di questa società. Una lista da fare in fretta. Perché pensava che «se arrivano l'americani... il parente della sora Irma ammazza il maiale e se lo mangia lui». Allora toccava sbrigarsi a comprare la bestia. Comprarla prima che arrivavano questi famosi liberatori che erano sbarcati a quaranta chilometri da Roma e in quattro mesi non s'erano ancora schiodati dalla spiaggia. Dopo averli aspettati tanto... adesso mio nonno incominciava a sperare che continuassero a prendersela comoda.

Che gli lasciassero un altro giorno di guerra.

Tre

Il sor Giulio pensava al maiale.

Mio padre, invece, si era svuotato le saccocce che erano piene di pigne. Erano pigne dell'Appio Claudio raccolte di fianco all'archi dell'acquedotto, dove in mezzo ci pascolavano le pecore di qualche aristocratico padrone della terra. Un prato spelacchiato che andava dai stabilimenti di Cinecittà fino all'osteria del Curato.

Mio padre raccontava sempre che qualche giorno prima era andato per pigne e ne aveva raccolta qualche bella chilata. Raccontava che in quel mentre che se ne stava in cima a un albero vide arrivare un tedesco. Uno che a guardarlo bene pareva un ragazzino messo peggio di lui. Un militare giovane giovane che era diventato adulto per decreto del führer. Uno di quelli che l'avevano mandati in guerra ma a malapena s'erano imparati a fare il nodo ai lacci delle scarpe. Insomma questo tedesco stava vestito con tutta la divisa addosso e s'era messo seduto sotto a un albero. S'era levato l'elmetto di ferro e l'aveva appoggiato per terra col buco rivolto verso l'alto. Nino vide 'sta specie di pitale messo là sotto e gli parve 'na sfida. Si sbottonò la patta dei calzoni corti, tirò fuori il pisello e ci pisciò dentro. Una robba da olimpiadi, un numero da circo! Quello, mi' padre si aspettava che il tedesco s'alzasse in piedi e gli facesse l'applauso per tanto che era stato bravo. S'aspettava che la banda dell'armata germanica gli veniva a suonare la marcia reale e Hitler in persona gli attaccava sul petto la medaglia d'oro per la pisciata piú lunga. Invece il tedesco prese d'aceto e non dimostrò manco un po' di rispetto per quella prestazione sportiva. Sfilò la pistola dal cinturone, la girò per l'aria e sparò. Nino era già zompato sul pino che gli stava accanto, e da quello era passato ai rami dell'albero appresso e nel mentre che scappava gli sputò, gli disse i morti e smoccolò tutta una fila di parolacce che pure lo straniero che non c'aveva dimestichezza con le lingue latine l'avrebbe capito che non si trattava del rosario. Ma quando il tedesco vide 'sto ragazzino che zompava sui rami e urlava come un addannato, si buttò per terra e pure l'arma gli cascò... che mo' pure lui pareva un ragazzino... un ragazzino con la pistoletta. Mo' pure il soldato s'era messo a strillare, ma non come uno incazzato, piuttosto come uno che gli avevano messo nel cervello che era un eroe e mo' capiva che per poco non era diventato una qualche razza di carogna. Nino saltò giú dai rami e si allontanò verso le Capannelle.

Fece in tempo a vedere il tedesco tutto rintronato coi capelli scapijati e la bocca aperta.

E sopra alla bocca c'aveva una chiazza rossa.

Una chiazza rossa in mezzo alla faccia.

Una chiazza come se fosse un marchio, una robba di quelle che si fanno sul culo delle vacche per riconoscerle. Una di quelle cose che non fanno in tempo a mandarti a scuola che già hanno incominciato a canzonarti. Una cosa ridicola da farsi ridere addosso. Una voglia che sarebbe stata uno sfregio pure sopra a una chiappa, ma figuriamoci ad avercela piazzata su quella parte del corpo proprio tra il naso e la bocca.

Il tedesco se ne stava buttato per terra con le lacrime che gli fracicavano tutta quella specie di carta geografica che teneva in faccia. Pareva che gli avevano tatuato la grande Germania là in mezzo per ricordare a lui e a quelli che lo incontravano che era nato proprio in quel posto. E mo' se ne stava buttato per terra, su una terra che era fatta tutta in un'altra maniera rispetto alla sua. Un'altra geografia, un altro tatuaggio, un'altra faccia. Con un ragazzino che scappava insieme a una saccocciata di pigne e in una lingua differente dalla sua gli diceva i morti. E ci mancava poco che lo coglieva a quel ragazzino, che gli riusciva di acchiapparlo con una schioppettata e invece di scendere con le gambe sue sarebbe cascato giú dall'albero proprio come una pigna.

Quattro

Mio padre diceva che questa cosa è successa che era ancora mattina.

Lui c'aveva da andare al cinema Iris per aiutare mio nonno, cosí s'è allontanato dall'Appio Claudio con questa bella saccocciata di pigne ed è andato verso Porta Pia. Poi in quei giorni di inizio giugno non gli era piú riuscito di tornarsene a casa sua al Quadraro ed era rimasto insieme col padre a lavorare nel cinema. Aveva mangiato i pinoli e venduto le pigne svuotate alla sora Irma che c'aveva la stufa e ci accendeva il fuoco. Adesso l'ultime due o tre che gli erano rimaste in saccoccia se le stava a gustare come una portata speciale alla fine della cena nella cabina di proiezione. Stava tutto concentrato e acciaccava i pinoli con un pezzo di ferro. Acciaccava e i colpi rintronavano per tutta la sala.

Quando l'ultima pigna partorí l'ultimo pinolo ed era vuota come una coccia vuota, s'infilò a letto. C'era solo una branda perché il padrone del cinema aveva fatto il calcolo che il guardiano fosse uno solo e non tutta una cooperativa di gente. Invece alle volte capitava che in cabina di proiezione ci restasse a dormire anche qualche altro figlio e toccava arrangiarsi. Stavolta erano in due, cosicché si sdraiarono come il re di bastoni. Uno da un verso, uno dall'altro e tutti e due si mettevano i piedi in faccia. Mio nonno si addormentò subito, mentre che Nino ripensava al tedesco che si era fatto quasi pisciare in testa. Alla faccia che aveva fatto quando l'aveva visto saltare da un ramo all'altro come la scimmia di Tarzan. Pensava che quell'occhi abbottati che luccicavano per le lacrime e quella chiazza non lo facevano rassomigliare a nessun'altra persona che aveva conosciuto. Quel soldato non sembrava un cristiano normale, uno nato su questo pianeta. Pareva uno arrivato da un altro mondo. Ma visto che s'era messo a piangere e visto pure che c'aveva quasi la stessa età sua a Nino gli sembrò una strana specie di incrocio.

Pareva un ragazzino marziano.

Cinque

Durante la guerra la notte era la fine del mondo.

Senza tutta la caciara dell'esseri umani, per dodici ore ci stava solo il silenzio e le finestre chiuse. Le nove di sera e le cinque di mattina si rassomigliavano come due minuti dello stesso quarto d'ora, e da Val Melaina al Quadraro era tutto un chiacchiericcio di grilli. Con tante migliaia di poveri cristi che stavano chiusi dentro casa per il coprifuoco le strade si svuotavano. La sera c'avresti potuto passare un velo di zucchero e la mattina lo ritrovavi ancora lí che neanche le mosche c'avevano camminato. Ogni tanto ci passava un medico o un'ostetrica per qualche urgenza. Ci camminavano i preti chiamati per l'estrema unzione. Si sentiva il raschio di un motore o le chiacchiere di qualche soldato ubriaco che andava a puttane, ma per il resto Roma pareva Pompei dopo il vulcano. Poi arrivava l'alba e le strade con la guazza che c'era cascata sopra erano lucide come se c'avevano appena passato la cera. Era una cosa da levarsi le scarpe e camminare come l'arabi che vanno in moschea. All'alba del 4 giugno del 1944 mio padre e mio nonno uscirono dal cinema Iris con la città che era ancora vuota come una tavola appena sparecchiata.

Da via Nomentana se ne andarono verso San Lorenzo a piedi visto che non passavano manco i tram. Arrivati a San

Lorenzo le strade erano ancora vuote. Si infilarono in una scala e salirono al quarto piano. In una specie di loggetta dove una volta ci dovevano essere i cassoni dell'acqua e le fontane per lavare i panni adesso ci si era messo un vecchio. Il sor Giulio disse subito dell'affare del maiale tedesco e raccontò che «la sora Irma della trattoria c'ha un parente di Frascati che ha rubato un maiale ai tedeschi e se lo vuole vendere. Lei c'avrebbe trecento lire. Altre duecento ce le metto io, ma il maiale ne costa mille».

«E compratevene solo mezzo», gli disse il vecchio.

«Il fatto è che il maiale sta nascosto e si deve aspettare che arrivano l'americani per ammazzarlo. Perciò 'sto parente di Frascati se lo vende vivo... e non si può comprare mezzo maiale vivo! Tocca comprarlo intero».

«Io c'avrei cento lire, – fece il vecchio. – Entro in società e poi quando l'ammazziamo mi prendo la parte che mi spetta... ve scaldo un bicchierino de cicoria?»

«E sí... va'... – disse il sor Giulio, poi si girò verso Nino. – Fatte racconta da 'sto vecchio che cosa gli è successo il giorno del bombardamento. Mo' lo vedi che è un vecchio, ma l'anno scorso mica era cosí...»

Il vecchio tirò fuori una pallina di zucchero per Nino e un po' di polvere di cicoria per farci il caffè. Mise a bollire l'acqua e attaccò a parlare come un disco che s'è abituato a ripetere sempre la stessa solfa ogni volta che ci appoggi sopra la puntina.

Mio padre ascoltò la storia del vecchio, quello che gli era successo un anno prima durante il bombardamento di San Lorenzo.

Il vecchio era convinto di essere un ragazzino.

Sei

Quello era stato un ragazzino fino a un anno prima. Poi s'era invecchiato tutto insieme coi bombardamenti. Come quelli che gli vengono i capelli bianchi per la paura, ma a lui gli era venuta pure la pelle moscia, i denti marci e l'ossa contorte.

Dalla parlata burina si sentiva che non era nato a Roma e il paese suo stava dopo la Ciociaria, alle porte della bassitalia. Dice che al paese suo la guerra s'era fatta sentire all'inizio dell'estate scorsa coi primi bombardamenti, ma arrivato il mese di luglio aveva incominciato a girare la voce che l'americani erano sbarcati in Sicilia, cosí c'era una grande euforia, ma pure una grande paura. Dice che in quei giorni al paese suo erano arrivati una settantina di soldati, soldati italiani. Una rimanenza di esercito che erano rimasti isolati in mezzo a quelle montagne arroccate e ne sapevano meno di tutti sul verso che aveva preso la guerra. Dice che arrivavano voci che forse non erano manco piú alleati coi tedeschi. Dice che forse erano alleati coll'americani... o erano l'americani che s'erano alleati coi tedeschi contro il pericolo comunista dei russi... forse c'era di mezzo il papa che s'era fissato con questo pericolo comunista e l'aveva messi tutti d'accordo contro Stalin, ma fatto sta che loro stavano all'erta e non si fidavano di nessuno.

Poi attorno a 'sto paese si incominciano a vedere l'americani... mica un esercito, ma qualche soldato che viene mandato avanti a conoscere la situazione... e non solo l'americani, ma pure qualche soldato tedesco incomincia a vedersi nei paesi vicini. Allora 'sti soldati italiani mettono l'ordinanza che tutti devono restare chiusi dentro casa, che le strade sono controllate da cecchini perché c'è il pericolo che il paese viene attaccato dall'americani o dai tedeschi... o insomma da qualche razza di esercito nemico. Dice il vecchio che a quel tempo era ancora un ragazzino e al paese suo non ci furono morti. Dice che l'unico a morire è stato un cane che è morto sparato da un cecchino nel mentre che attraversava un crocicchio di strade. E dice pure che «è meglio che è morto 'sto cane, cosí tutti quanti abbiamo sgamato che c'era il cecchino a controllare la strada».

Dice il vecchio che se qualcuno non s'era accorto che la strada era controllata da un cecchino... mo' è sicuro che se ne accorgeva. Mo' ci stava quel cane che strillava e avrebbe continuato a dissanguarsi per un giorno intero. Ma poi il cane è morto e si vede che il cecchino c'ha avuto i rimorsi di coscienza e la notte tutti hanno visto che è sceso per staccare il cane da quel crocicchio di strade e andarlo a seppellire.

Sette

La cicoria non ha odore.

Il caffè è un gusto già dal profumo che viene fuori dal bicchiere, ma l'Italia fascista tra i tanti miracoli che faceva ci stava pure quello di sostituire il caffè coltivato dalle razze inferiori dell'Africa e del Sud America con la cicoria autarchica. E la cicoria fa schifo proprio come il fascismo.

Ma nel vano fontane al quarto piano della palazzina di San Lorenzo il vecchio che era convinto di essere un ragazzino poteva offrire soltanto quella. Poi ricominciò a raccontare la storia sua. La storia di quella notte al paese quando il cecchino è sceso a seppellire un cane. Dice il vecchio che «allora io, mio padre e mia sorella piccola usciamo dalla porta di casa e ci allontaniamo dal paese. Ce ne andiamo lungo la strada e ci mettiamo una settimana ma finalmente arriviamo a Roma. Ci troviamo una stanza in subaffitto a San Lorenzo. Mio padre un lavoro vero e proprio non gli riesce di trovarselo ma a me mi manda a imparare il mestiere del pasticcere a piazza Vittorio. Ché mio padre è fissato con la nutrizione. Dice che insieme con la propagazione della specie è il fatto piú importante. "Conservazione e riproduzione", dice sempre mio padre. E dice che il meglio lavoro è quello dove ci sta il *da mangiare* perché non si muore di fame, e cosí vado a imparare a bottega da pasticcere. E quando ritorno a casa la sera per le strade ci sta una fiumana di gente. Dice che a Roma ci stanno centomila sfollati e a San Lorenzo la popolazione è cresciuta almeno di tremila cristiani. E tutte 'ste *mila* persone fa impressione di vedersele tutte insieme che tornano a casa a imbucarsi dentro ai cortili, per le porte, su per le scale e dentro ai portoni come formiche che si rintanano dentro al buco sotto al mucchietto di terra.

In certe sere io co' mio padre ritorniamo a casa co' certi musi lunghi e ingrugnati che c'abbiamo solo la forza di starcene seduti davanti alla finestra. Io con la fiacca per la fatica del lavoro che certi giorni è una vera ammazzata e lui co' le paturgne che so' tempi che non si batte un chiodo. Ma alle volte mi riesce di portare a casa qualche pezzo di dolce avanzato alla pasticceria, robba che mi inguatto prima di staccare il turno. E quella sera del 18 di luglio, che è una domenica... quella sera ci mettiamo a guardare dalla finestra con un'incartata di gialletti, che so' biscotti secchi fatti co' la farina di granturco. Mio padre mi racconta del lavoro. Mio padre è qualche giorno che si è messo a fare il facchino allo scalo, ma quando stacca il turno monta sui tram e cerca di abbuscarsi qualche portafoglio, va pe' saccocce. Mio padre lo considera proprio come un lavoro vero e proprio. Un'occupazione da libero professionista che ci investe pure i capitali visto che per salire sul mezzo pubblico gli tocca obbligatoriamente di pagare il biglietto, lui dice che "questi so' periodi di saccocce vuote, so' tempi che monti su un tram e nessuno c'ha una lira. Mi capita di girarmi due o tre tasche e non trovarci niente. Cosí arrivo al capolinea che l'unici quattrini che me so' passati per le mani so' quelli che ho speso per pagare il biglietto".

Perché questo è un genere di furti dove rischi che l'investimento è superiore al guadagno e cosí bisogna avere l'occhio lungo già alla fermata del tram. Bisogna scegliersi il viaggiatore da derubare prima ancora che è salito sul mezzo per non trovarsi tutta una clientela di morti di fame. Mio padre mi racconta la sua giornata sui tram perché dice che io devo saperlo da lui che è un ladro. Dice che non gli farebbe piacere che certe cose me le viene a raccontare qualchedun altro. Dice che certe cose la famiglia è la prima che deve sapere.

E quella sera del 18 luglio la passiamo cosí, davanti alla finestra a rosicchiarci 'sti gialletti. Mio padre è fissato con la nutrizione... difatti è per questo che ogni volta che si trova in mano qualcosa da mangiare se la mette in bocca come i ragazzini. "Conservazione e riproduzione", dice mio padre mentre ci mangiamo i gialletti davanti alla finestra quella sera del 18 luglio. "Conservazione e riproduzione" e io mi guardo la spianata del camposanto davanti alla finestra, la spianata di tombe di famiglia e croci striminzite cariche di lumini e lampadine tremolanti che so' l'uniche luci accese in questa notte di coprifuoco.

E mi viene di pensare a quando stavo al paese, al camposanto nostro che mi pareva come una buca, una spaccatura nella terra dalla quale tenersi lontani per non cascarci dentro. Era il posto che tua madre ti dice che devi entrarci in punta di piedi e parcheggiare la lingua fuori dal cancello. Ed è per questo che la sera nessuno ci sarebbe entrato dentro al camposanto del paese nostro, per paura di impastarsi in quel silenzio.

Certe volte co' l'altri ragazzini ce l'andavamo a guardare dal campanile quel cimitero burino, ma ci andavamo solo per respirarci l'aria buona e verso i lumini del camposanto ci buttavamo soltanto l'occhio, ce lo smicciavamo con un miscuglio di pietà e distrazione come uno si guarderebbe un acquario di pesci morti.

Invece questo cimitero di Roma è una cosa differente. Il Verano è una robba grossa, è un quartiere con le strade in mezzo e per raccapezzarsi ci vuole la carta geografica... il mappamondo. E poi la guerra l'ha trasformato in una cosa viva. O forse ha trasformato Roma in una robba morta. Mo' la città che sta costruita attorno di notte è piú silenziosa di questo sterminato camposanto. Mo' i cristiani stanno piú zitti dei morti e il brulichio delle lucette in mezzo alle tombe pare l'unica cosa viva, come se i morti potessero permettersi di non rispettare il coprifuoco, di non tacere manco davanti al nemico che ascolta. I morti si prendono la rivincita e festeggiano senza paura dei bombardamenti, lasciano tutto acceso pure di notte e trasformano il Verano in una casbah di lapidi.

Quella notte dopo la mezzanotte suonano le sirene, ma noi non ci andiamo al rifugio. Mio padre dorme insieme alla ragazzina e io me ne resto ancora davanti alla finestra e sto tranquillo che Roma non la bombarda nessuno. Noi c'eravamo arrivati apposta dal paese nostro per stare al sicuro nella città del papa! Cosí io me ne resto davanti alla finestra aperta sperando che passa un po' d'aria ché non si riesce a respirare per il caldo. Dopo l'allarme sento che in mezzo all'aria ci passano l'aeroplani, si vede come una specie di lampo e poi 'st'apparecchi buttano certi fogli di carta. I volantini di propaganda anglo-americana che Mussolini ha vietato pure di andarli a raccogliere quando li buttano dall'aeroplani... I romani di San Lorenzo se ne stanno a dormire oppure stanno chiusi sotto ai rifugi e tutti 'sti volantini li vanno a raccattare i carabinieri insieme alla polizia e alle squadre dell'Unpa.

Poi nei giorni appresso qualcuno li tirerà fuori 'sti fogli e ci leggerà che l'americani stavano avvisando del bombardamento, ma quell'avvisi non fece attempo a leggerseli nessuno e se li portarono via le guardie che pulirono 'sta cartaccia meglio dei monnezzari.

> ROMANI! ABBANDONATE LE VOSTRE CASE SE SONO IN PROSSIMITÀ DI STAZIONI FERROVIARIE, AEROPORTI, CASERME. RIFUGIATEVI LONTANO DAGLI OBIETTIVI MILITARI CHE LE FORZE ARMATE DELL'ARIA ALLEATE POSSONO BOMBARDARE. ROMANI! QUESTO È UN AVVISO URGENTE. NON CREDETE ALLA PROPAGANDA DI MUSSOLINI. METTETEVI IN SALVO!

La mattina del 19 luglio io e mio padre ce ne usciamo di casa. Lui si porta dietro pure la sorella mia piccola, ché dice che sul tram non gli mettono gli occhi addosso se va a rubare con la creatura in braccio. Io me ne vado a piazza Vittorio in pasticceria ché oggi è giorno di consegne e me ne starò tutto il tempo in giro per Roma a consegnare torte e crostate. Mio padre mi dice che ci vediamo "al piazzale del Verano verso le undici, portami un po' di gialletti per la creatura se ti riesce" e io gli dico che sí, che cerco di passare per quell'ora. E arrivo che ci sta un sole che è una bellezza. E il piazzale del Verano è pieno di gente. Mo' non è piú come di notte quando il camposanto sembra tutto rianimato da lampadine e fiammelle che ronzano come incandescenti cicale, mo' si sentono solo i cristiani che traversano il piazzale e si infilano dentro al cancello. Mo' il camposanto si è riappacificato col silenzio e in mezzo alle tombe sciama la buriana di marmisti e fiorai, beccamorti e parenti vestiti a lutto.

“T’ho portato i gialletti, – gli dico a mio padre, – hai rimediato qualcosa sul tram?”

E lui mi risponde che “co’ la creatura me sorridono tutti. Peccato che ’sti ragazzini crescono e poi non impietosiscono piú nessuno. Se la guerra va avanti ancora per un po’ d’anni me toccherà affittàmme un ragazzino piccolo pe’ continuà a lavorà!”

Nel mentre che mio padre sfragna i gialletti per darli alla ragazzina che non c’ha ancora i denti per masticarli, suona l’allarme antiaereo. Ma di tutta la gente che sta sul piazzale del Verano giusto qualcheduno corre verso i rifugi, ché siamo tutti convinti che Roma è una città sicura. Suona l’allarme che saranno le undici di mattina e subito appresso arrivano l’aeroplani. La gente alzano l’occhi al cielo e pure mi’ padre si mette a guardare questi pezzetti di ferro luccicante che ci ronzano in testa. Guarda in aria e dice “Chissà dov’è che andranno a fa’ danno. Vedrai che vanno verso il paese nostro, verso la bassitalia”, e ricomincia a sfragnare biscotti per la creatura che tiene in braccio.

Pure io sto tranquillo e gli dico che “ho sentito la radio. Ha detto che da cinquant’anni non faceva tanto caldo come ’st’estate. Pare che ce so’ quasi quaranta gradi”, e infatti i fiorai spruzzano l’acqua co’ le mani sui fiori per non farli appassire, ché il caldo li sta a cuocere come dentro a un forno. E mentre che l’aeroplani passano sopra lo scalo pure i scalpellini che lavorano il marmo escono dalle botteghe a vedere quello che sta succedendo.

Cosí cominciò il bombardamento di San Lorenzo».

Otto

«Sono le ore undici del 19 luglio.
È l'estate del 1943.

Le prime bombe cascano sullo scalo, ma dopo un attimo il marasma è già arrivato sul piazzale del Verano. Lo spostamento d'aria arriva con una folata di vento caldo e io finisco per terra. Mi' padre si guarda le braccia aperte e non ci ritrova piú la ragazzina.

"La creatura!" dice, e poi non dice nient'altro che la piazza inizia a scapparci da sotto i piedi come se invece di buttarle dal cielo le bombe arrivassero da sotto terra. Poi nella buriana me perdo pure mi' padre e incomincio a correre. I sampietrini si staccano dalla strada e si portano dietro pezzi di cristiani. Si conficcano nelle pareti delle case e falciano i rami. Corro su via De Lollis dove in mezzo ci sta una buca enorme, una voragine che bisogna entrarci dentro per attraversare la strada. Corro in mezzo ai binari contorti coi fili elettrici che penzolano dai tralicci e friggono mezzi strappati sull'asfalto. Ogni tanto casco, ma poi mi rialzo e ricomincio a correre. Poi uno m'acchiappa e mi porta dentro a un portone e mi dice "dove vai che là fuori c'è un macello?" ma poi mi si mette a chiedere tutta una trafila di nomi di gente che pure lui s'è perso in quel mentre che hanno cominciato a bombardare... Cosí io scappo e ricomincio a correre e mi trovo in mezzo a una specie di cortile che poi mi sembra una specie di trattoria che mezzo tetto è crollato... ma che invece è soltanto una cucina, la cucina di un appartamento e ce sta ancora la pila di minestra che bolle in mezzo a una nuvola di polvere. Poi mi ritrovo in mezzo alla strada con le condotte spaccate del gas che scappano fuori certe fiammate che di continuo mi tocca di cambiare direzione... ma io corro tanto che non mi riesce piú di fermarmi. E non mi capacito di quanto tempo è che sto a correre. E non mi capacito della strada che sto a fare. E manco riesco a trovare dove sta di preciso la strada che incomincio a fare caso ai morti. Ai cristiani morti e a un carretto co' certi cavalli morti co' le zampe all'aria ancora legati al carretto che sta rovesciato. Corro e a forza di correre mi ritrovo davanti al Policlinico co' tutta una massa di gente che vuole entrare, qualcuno per rifugiarsi e qualchedun altro perché si trascina dietro qualche ferito da medicare. E io cerco di tirarmi fuori da tutta questa fiumana, ma in quel mentre mi ricordo di mio padre e della creatura piccola e allora vado dentro al Policlinico pure io per andarli a cercare. E incomincio a girare per i reparti che so' diventati tutto un pronto soccorso, che per terra ci sta talmente tanto sangue che tocca passare lo straccio co' l'acqua ossigenata.

Portano dentro certi morti che non c'hanno ferite da nessuna parte, ma poi gli apri la bocca e dentro ci trovi una palla di terra e sangue. Un generale dei carabinieri l'hanno coperto co' un lenzuolo, ma gli si vede ancora la faccia che guarda in su e i piedi al contrario ché un colpo gli ha spezzato il bacino e gli ha girato le gambe. Poi quando uno muore si sbrigano a spostarlo, girano il materasso e preparano il letto per qualchedun altro. Certe donne gravide arrivano col grembo squartato che gli si intravede dentro... e 'na suora gli stringe un lenzuolo sul ventre, ma quasi tutte muoiono incartate dentro a quelle pezze.

E in tutta quella barauffa di gente ci trovo pure mio padre.

Fuori è appena finito il bombardamento, il primo della giornata, ma poi riprenderà dopo una mezz'ora. Gli chiedo "dov'è la creatura?" e lui mi dice che l'ha cercata, ma se l'è persa. Dice che gli è scappata di mano per lo spostamento d'aria. E poi continua a parlarmi di come se l'è sentita sparire dalle braccia e io me ne vorrei uscire fuori e andarla a cercare, ma lui mi dice di starmene qui che non vuole perdere tutti e due i figli... ma poi mi ripete ancora il discorso della creatura che gli è scappata... e io mi accorgo che in tutta quella buriana c'ha ancora l'incartata dei gialletti che mo' so' pieni di calcinacci. E sempre co' 'sta storia della creatura continua a parlare e a infilare la mano nell'incartata per mangiarsi 'sti gialletti dove ci stanno piú sassi che biscotti. Io penso a questa sua fissazione... alla conservazione, alla riproduzione.

Mi ricordo mio padre che si mangiava 'sto minestrone di sassi e polvere.

Mi ricordo che masticava fino a spaccarsi i denti.

Mi ricordo che mangiava 'sti sassi e pareva un fachiro.

Mi ricordo che continuava a chiamarla *creatura*. Che non la chiamava per nome a questa figlia sua... mi ricordo che diceva solo *la creatura*. Come se il nome se lo fosse perso insieme alla ragazzina. E in tutto il tempo che è passato da quel giorno del bombardamento fino a oggi 'sta figlia neanche io l'ho piú chiamata per nome. Il nome suo non c'ho piú avuto il coraggio di pronunciarlo, come se lo spostamento d'aria si fosse portato via pure il ricordo del nome.

Ho fatto tanti riconoscimenti e ho visto certe scene pietose che non si possono raccontare, ma il corpo di questa figlia non s'è piú ritrovato. Di questa figlia non c'è rimasto niente.

Poi a metà pomeriggio passa l'ultima ondata di bombardamenti. Io esco fuori dal Policlinico. Mio padre resta lí dentro e io non ho piú visto manco a lui da quel giorno. Gli dico che la vado a cercare e mi ricordo di lui che sta co' le braccia allargate e se le guarda come per dire che "Gesucristo m'ha portato via la figlia, poteva portarmi via pure le braccia..."

Me ne vado verso casa nostra e in mezzo alle macerie ci sta un silenzio che fa impressione. Un silenzio che ha sotterrato San Lorenzo con tutto il camposanto. Che ha impastato le case e le lapidi in una sola maceria silenziosa, che ha azzittato i vivi e i morti. La gente sta tutta in mezzo alla strada e nel mentre che me ne vado verso il palazzo mio passo su via dei Reti dove c'è il carcere minorile. Pare che le guardie so' scappate senza manco aprí le celle dei ragazzini reclusi, mentre a via dei Sabelli so' un'ottantina i morti nell'orfanotrofio.

Mi accorgo che i morti vengono messi davanti ai portoni dei palazzi per il riconoscimento. Poi si infilano nelle casse costruite in fretta. Gli stessi artigiani del Verano che da generazioni so' abituati a scolpire certe bare che sembrano 'na cosa principesca mo' gli tocca di mettere quattro pezzi di legno in croce per sbrigarsi a sotterrarli. Sulla cassa ci scrivono il nome e poi ci buttano la calce per il fatto igienico, ma il giorno appresso la calce s'è mangiata la scritta... cosí tocca riaprirle e rifare il riconoscimento con la trafila dei parenti. E tante volte 'sti corpi si tirano fuori con le dita tagliate dai sciacalli che gli hanno fregato l'anelli. Cosí è tutto un andirivieni di gente che urla i nomi dei parenti e scava tra le macerie, che tira fuori i morti e li riconosce. Dopo due giorni ci stanno ancora i palazzi che bruciano... poi recintano tutto il quartiere e ci mettono il cartello ZONA INFETTA che per entrarci devi dimostrare che abiti a San Lorenzo sennò è piú difficile che passare pe' le porte del Vaticano.

Io, intanto, che è finito il bombardamento... giro... giro... ma non trovo piú il palazzo nostro. Per mezz'ora me ne vado avanti e indietro dalle mura che tengo di riferimento e poi mi accorgo che ci sto camminando sopra. Vorrei dare 'na mano d'aiuto a levare le macerie, ma tutti mi fanno "statte fermo ragazzí, facce lavorà a noi... stattene seduto che famo prima" e io rimango davanti al palazzo per tre giorni e tre notti mentre quelli scavano. Noi ragazzini gli portiamo i secchi d'acqua e ci bagnamo i fazzoletti. La gente se li mette davanti alla faccia per non respirarsi la polvere, ma dopo un'oretta i secchi so' pieni di fanga e tocca correre a cambiare l'acqua.

Ogni tanto arrivano i pompieri e fermano tutto. Ordinano di buttare calce e cemento sopra alle macerie per la paura del contagio. Ma al palazzo nostro non si trova niente. Vanno avanti pe' un pezzo a scavare... poi crolla un muro e tocca ricominciare... tirano fuori qualche mezza sedia, qualche tavolino e poi torna a crollare un tramezzo... Qualcuno dice che forse si sono salvati tutti perché non si trovano i morti... e invece i morti li tirano fuori tutti insieme dopo tre giorni. Tutti infilati dentro alla cantina con certi corpi neri che sembrano mostri. Co' le braccia e le gambe piegate e ritorte che per farli riconoscere ai parenti tocca prima raddrizzarli per bene. Per qualcuno manco si riesce a rimettere insieme i pezzi. Si trova un braccio, ma non quell'altro... si trova il corpo, ma senza le gambe e la testa... e certe braccia, certe mani si devono sistemare tutte in un mucchio e noi ragazzini rimediamo alla stazione le casse della pasta Buitoni cosí tutti questi corpi spaiati vengono infilati là dentro e sotterrati insieme. Le bestie, invece, vengono fatte a pezzi, bruciate con l'acetilene e buttate nelle fogne... cosí ho visto bruciare pure i cavalli morti che portavano il carro con le casse della birra Würer, ché a San Lorenzo ci stava la fabbrica... ma la puzza di carne bruciata si sente per tutto il quartiere. Le guardie ci dicono che è carne di bestia, ma certi palazzi hanno bruciato pure per tre giorni con tutta la gente dentro e la puzza di carne bruciata è sempre la stessa. È una puzza che si mescola alla putrefazione e allo zozzo. È tutta una puzza unica. È la puzza dell'umanità che in guerra non si riesce proprio a nascondere. La puzza che si porta dietro dai secoli, una puzza originaria e antica quanto il peccato.

L'ultimo che ho visto uscire vivo dalle macerie di San Lorenzo è stato un gatto. Dopo 'na settimana si sente piangere da sotto a una cantina e un paio di ragazzini si mettono a scavare e dopo un'oretta tirano fuori 'sto gatto. Gli portano un secchio d'acqua e questo se lo beve tutto intero, poi pare che si è arrampicato in cima a un muro a ringhiare come un leone... ma pare che quella bestia campa ancora... dice che i gatti c'hanno sette vite e quel gatto la prima se l'era giocata...

Poi nei giorni appresso mi pare che incontro qualcuno che si mangia l'aglio per non prendersi le malattie e qualcun altro scappa coi materassi sulle spalle... qualcuno bestemmia contro il re e qualcun altro contro Mussolini... Un medico del Policlinico, uno che conoscono tutti e non si può fare il nome, da quel giorno in poi ha preso il vizio di staccare il turno alle dieci, prendere il tram e andare al Vaticano a bere un caffè... poi verso mezzogiorno torna indietro e riattacca a lavorare. Uno che è diventato matto sotto ai bombardamenti e s'è messo in testa che l'americani attaccano sempre alle undici di mattina... cosí, a quell'ora se ne va al Vaticano dove è sicuro che non colpiscono.

Manco io riesco a fare piú niente a quell'ora della mattina. Pure se non c'ho l'orologio io me lo sento in testa che stanno ad arrivare le undici. Allora mi fermo e mi guardo intorno, mi guardo le macerie che basta un poco di vento e si rialza il polverone e tutto il quartiere pare una vigna abbandonata, una terra incolta... I vecchi di San Lorenzo dicono che prima di costruirci ci stavano i campi coltivati a carciofi, e mo' l'americani hanno talmente arato la terra che i carciofi li potrebbero ripiantare pure in mezzo alle strade.

Da quel giorno tutti i giorni alle undici mi guardo il quartiere e tremo... alle undici mi guardo questa spianata di ruderi come se al posto delle case nostre c'avessero messo qualche città dell'antichi romani. Me la guardo come un turista si guarda il Colosseo o le tombe etrusche. Ma se per il Colosseo ci sono serviti duemila anni per sbreccolarlo a quella maniera... a San Lorenzo so' bastate due ore.

Io dico che è come se in mezzo a 'sto quartiere di ferrovieri in una giornata ci fossero passate le tragedie di un secolo intero. E 'sto terremoto c'è arrivato addosso pure a noi che ci siamo capitati in mezzo. Pure noi la sera del 19 luglio ci siamo guardati in faccia alla stessa maniera di come si guarda 'na statua greca sbreccolata, 'na cassa da morto etrusca svuotata da qualche tombarolo».

Nove

Mio nonno Giulio beveva cicoria e mio padre stava a sentire.

Poi della cicoria finí anche l'ultimo sorso, ma il racconto non era ancora finito.

Intanto uscirono dal vano fontane e scesero per strada col vecchio che riprese a parlare e «in coda a tutto questo sproloquio devo dire un'ultima cosa. Devo dire che dopo tre giorni che so' stato seduto davanti al palazzo mio... mi alzo e mi metto a camminare verso la stazione Termini. Le gambe mi tremano e le mani si fanno deboli. E manco la gente mi riconosce perché sono diventato un vecchio! Un vecchio vero! Uno che è proprio vecchio... co' la faccia e le braccia vecchie...

Tre giorni prima quando m'ero messo seduto davanti al palazzo ero ancora un ragazzino e tre giorni dopo so' diventato un vecchio. M'è successo come a quelli che gli vengono i capelli bianchi per la paura. Però io c'ho pure la pelle moscia, i denti marci e l'ossa contorte.

Questo è quello che m'è successo.

Devo dire che ormai è quasi un anno che dormo tra i cassoni dell'acqua e in questo tempo Roma è stata bombardata 'na cinquantina di volte. Ci siamo abituati a vedere le macerie e le case tutte diroccate. Ma il bombardamento di San Lorenzo c'è rimasto in testa piú di tutti l'altri. Io ho smesso di fare il pasticcere ma il principale mio è rimasto affezionato. Ogni volta che mi vede passare davanti al negozio mi regala qualche mezza incartata di gialletti. Io lo ringrazio e me ne vado alla stazione Tiburtina dove lavoro di facchinaggio come faceva mi' padre... ché si guadagna meglio a fare il facchino. All'andata e al ritorno mi tocca di passare in mezzo alle strade che me so' fatto correndo sotto alle bombe il 19 luglio quando ero ancora un ragazzino. Adesso ci cammino piano piano come camminano i vecchi. Certi palazzi sembrano sani per miracolo, mentre altri si sono accartocciati. Ma certi altri ancora so' rimasti in piedi a metà con mezze camere da letto e mezze cucine, coi quadri inchiodati alle mezze pareti e i piatti di pasta sul tavolo mezzo apparecchiato...

Mezze case, mi dico nel cervello mio mentre ci cammino in mezzo, so' rimaste in piedi tutte 'ste mezze case come se addosso a questa città ci fosse passata soltanto mezza guerra».

Mio padre, mio nonno e il ragazzino invecchiato erano scesi per strada e si guardavano questo residuato di guerra che era il quartiere di San Lorenzo. Arrivarono a via dei Sabelli.

Mio padre raccontava che c'era uno di questi mezzi palazzi e al secondo piano ci stava una mezza stanza co' un telefono attaccato al muro. Qualcuno diceva che il telefono funzionava ancora.

Qualcuno diceva che certe volte squillava pure.

Sotto al palazzo c'era uno che era conosciuto da tutti come *il barbiere*.

Ma non faceva la barba e tantomeno c'aveva il negozio. Questo stava seduto in mezzo alla strada sotto al mezzo palazzo e chiedeva l'elemosina. C'aveva vicino un cane rognoso che pareva piú morto che vivo. Il barbiere portava addosso un vestito nero. Un vestito gagliardo. E tutto impainato a quella maniera pareva che andava a qualche specie di funerale o di matrimonio invece che all'accattonaggio in mezzo alla strada.

Faceva effetto a vederlo seduto in mezzo alle macerie con quel vestito sciccoso, ma ancora di piú faceva impressione a vedere il mezzo palazzo di via dei Sabelli. Il mezzo muro che era rimasto in piedi con quel taglio preciso come se invece delle bombe ci fossero piovute lamette.

Dieci

Il vento passava in mezzo alle macerie come 'na scopetta. Si alzava per aria tutta una polvere fina e pareva che dentro a Roma ci fosse arrivato il deserto. Piú che un quartiere di Roma San Lorenzo rassomigliava a Cartagine dopo che l'antichi romani c'avevano buttato il sale.

Appena il sor Giulio venne presentato a 'sto barbiere gli raccontò dell'affare del maiale tedesco. Disse che «la sora Irma della trattoria vicino al cinema Iris c'avrebbe un parente di Frascati che ha rubato un maiale ai tedeschi e se lo vuole vendere. Mo' stiamo facendo 'na società pe' comprarlo. Lei ci mette trecento lire. Altre duecento ce le metto io...»

«... e altre cento lire le metto io, – disse il ragazzino invecchiato, – ma il maiale ne costa mille».

«E compratevene solo mezzo», gli disse il barbiere.

«E no... perché il maiale sta nascosto e si deve aspettare che arrivano l'americani per ammazzarlo sennò tra l'urli e i strilli della bestia i tedeschi arrivano e se lo riprendono. Perciò 'sto parente di Frascati se lo vende vivo... e non si può comprare mezzo maiale vivo!»

«Io potrei investirci un centinaio di lire scarse, – fece il barbiere, – ma non conosco nessun altro che può entrare dentro a 'sta società. Ce vorrebbero 'n'altre due-trecento lire per comprarlo tutto...»

«Pare che l'americani stanno ancora a Anzio, – disse il sor Giulio. – A giorni saranno a Roma, ma ci manca un po' di tempo. Io e il figlio mio ce ne stiamo andando a piedi fino al Quadraro e non torniamo a casa fino a quando non s'è fatta tutta la società».

Ma il barbiere gli disse che secondo lui «l'americani arriveranno presto. Io stesso l'ho visti con gli occhi miei quando stavo in bassitalia...»

Perché il barbiere era stato in guerra ed era passato proprio per il paese della bassitalia da dove era scappato quel ragazzino invecchiato col padre e la sorella piccola.

Dice che la cartolina gli è arrivata nel '43.

Dice che prima di andare in guerra c'aveva il negozio di barbiere. Uno di quelli che c'hanno l'insegna con la scritta FORBICI D'ORO. E dice che 'sto barbiere era famoso per le mani. Dice che teneva certe mani che pareva una diva del cinema. Certi diti lunghi e fini che a vederli infilati nei buchi delle forbici avresti detto che erano diti di donna... e pure una donna bella. Dice che questa bellezza non gli proveniva dal fatto che tagliava i capelli. Infatti, dice che appena staccato a bottega sua lo chiamavano a tagliare la carne nelle meglio macellerie di Roma. Dice che certe volte per fare lo sbrasone tagliava il manzo col rasoio da barba e faceva certe fettine fine che parevano ostie consacrate. E dice che lui tante volte manco si faceva pagare. Dice che ci andava proprio per le mani, ché a stare in mezzo a tutta quella carne fresca, in mezzo al sangue delle bestie gli si faceva la pelle rosa.

... e quando mio padre raccontava 'sto fatto del barbiere diceva pure che «ai tempi dell'antichi romani ci stava

Poppea che per farsi la pelle morbida si faceva il bagno dentro al latte, ma dice che per certe cose il sangue è meglio del latte. Dice che se uno c'avesse una vasca piena di sangue per farsi il bagno tutti i giorni c'avrebbe la pelle meglio di Poppea».

Insomma... sembra che prima di andare in guerra di queste mani speciali si ricordavano tutti, e invece della faccia di questo barbiere non si ricordava nessuno. La gente non sapevano manco se era biondo o moro, alto o basso. Dice che il resto del corpo stava appresso alle mani e contava meno di un'ombra. Allora ci stava pure 'sta mezza leggenda che questo barbiere si metteva i guanti e girava in mezzo alla gente come l'uomo invisibile. Bastava pure che si infilasse le mani in saccoccia e per strada non lo salutava nessuno, ma appena tirava fuori un dito lo riconoscevano tutti.

Dice che fu nel '43 che gli è arrivata la cartolina e l'hanno chiamato per andare in guerra. Dice che l'hanno mandato in uno di questi paesi della bassitalia e prima di partire s'è fatto cucire dal sarto il vestito che portava addosso... un bel vestito da morto... perché era un'usanza della famiglia sua quella di farsi il vestito del funerale quando eri ancora in vita. Era una specie di corredo. Dice che appena diventavi un ragazzo, che si capiva che non saresti cresciuto di piú, la famiglia si indebitava col sarto per cucire un vestito.

Un vestito per quando t'avrebbero portato al camposanto.

Una cosa per non farsi prendere alla sprovvista che se morivi da un momento all'altro tiravano fuori 'sto vestito dalla naftalina già lavato e stirato, co' le tasche ancora cucite, senza che nessuno se l'era mai infilato e senza manco una logratura. Una robba che tocca prepararsi pensando al futuro, una specie di pensione, con la differenza che alla pensione non tutti ci arrivano, ma dalla morte non scappa nessuno. E quello era un vestito che non doveva essere infilato dalla persona che campava ancora. Era 'na cosa da mettersi solo da morti. Lui incominciò a farselo cucire al tempo che la guerra ancora non era incominciata, ma in vista della partenza per il fronte s'è fatto fare l'ultime rifiniture, ché se lo rimandavano a casa dentro alla bara lui già c'aveva l'abito bello e pronto per farsi sotterrare.

Dice che appena arrivato al fronte si è distinto subito come uno che sapeva sparare. Il barbiere infilava i diti nel buco del grilletto e sparava, e dice che tutti gli stavano a guardare quei diti speciali, le mani che rassomigliavano a quelle di una diva del cinematografo.

Poi la guerra del barbiere sarebbe lunga da raccontare tutta.

Io racconterò solo un fatto.

Solo quello che raccontava mio padre.

La storia che la mattina del 4 giugno 1944 sentí raccontare dal barbiere.

Una storia che è successa nell'estate del '43, quando l'americani so' sbarcati in Sicilia.

Pare che a quel tempo il barbiere con un'altra settantina di soldati erano rimasti mezzi isolati in un paesetto arroccato sulle montagne e dopo qualche settimana stavano sempre lassopra. E mo' non si vedevano piú né l'altri soldati dell'esercito italiano e nemmanco i tedeschi che erano alleati. Ma dice pure che arrivavano voci che avevano bombardato Roma. Dice che arrivavano voci che era pure caduto il fascismo. Dice che arrivavano voci che forse non erano manco piú alleati coi tedeschi. Dice che forse erano alleati coll'americani... o erano l'americani che s'erano alleati coi tedeschi contro il pericolo comunista dei russi... forse c'era di mezzo il papa che s'era fissato con questo pericolo comunista e l'aveva messi tutti d'accordo contro Stalin, ma fatto sta che loro stavano all'erta e non si fidavano piú di nessuno.

Poi un giorno questi soldati vengono a sapere che a pochi chilometri gli americani si stanno sparando coi tedeschi. Pare che stanno liberando parecchi paesi e presto entreranno anche da loro. Ma quando i tedeschi si spareranno con gli americani... gli italiani da quale parte staranno?

Erano 'na settantina di militari in cima a un paese e una mattina decisero di difendersi sia dall'americani che dai tedeschi. Il sergente li fa appostare in cima ai tetti e sul campanile e dietro alle porte... e chiunque passa bisogna spargli. Al barbiere con le mani belle lo mettono a controllare un crocicchio di strade. Lo mettono a una finestra col fucile in mano.

Però il sergente gli spiega che appena vede un cane che passa per quel crocicchio di strade... «sarebbe meglio spargli, cosí la gente del paese si rende conto che la strada è controllata da un cecchino e non si azzarda a passare. Ma è meglio che per il cane non si sprechi piú di un colpo ché già ce ne abbiamo poche di pallottole e se il cane non muore subito... peggio per lui!»

Undici

Il barbiere era storto.

Mio padre raccontava che il barbiere si moveva storto e pure le parole gli uscivano storte. L'unica cosa dritta erano le pieghe del vestito. Un vestito troppo *scic* per uno che ci sta dentro in quella maniera storta.

Però mio padre diceva pure che in tutta quella stortezza il barbiere pareva quasi un santo. Uno di quei santi inutili che non fanno i miracoli. O che ne hanno fatto uno soltanto ed è stata 'na dannazione. La santità gli è arrivata addosso come un incidente, e mo' sono rimasti sinistrati, piegati dal trascendente.

E con le parole storte che gli uscivano dalla bocca il barbiere raccontava della sua guerra. E forse era stata quella a investirlo di santità. Forse proprio quel giorno che s'era messo alla finestra e cercava un cane per spararagli addosso, e dice che «sulla strada che controllo io dalla finestra non ci passa proprio nessuno. Qualche cane ce lo vedo passare, ma si tratta di certi cani secchi secchi, cani striminziti che si puzzano di fame peggio dei cristiani normali. In quel momento mi ricordo che qualcuno mi aveva detto che s'era imparato a sparare facendo esercizio proprio sui cani, e infatti vedevo passare certi cani azzoppati che è sicuro che avevano fatto da bersaglio per qualchedun altro. Cosí quando mi capita un bel cane grosso che mi attraversa il crocicchio prendo la mira e gli sparo. Mo' il cane poteva morire e restarsene morto in mezzo alla strada. Oppure poteva restare ferito a una zampa e zoppicare via e sarebbe stato alla stessa maniera un avviso per la cittadinanza, un modo per dire che ci stava il divieto di passare di lí. Ma invece il cane tira uno strillo che pare un ragazzino e resta ferito in mezzo al crocicchio di strade. Resta a strillare e a dissanguarsi, ma non si muove.

Adesso muore!... pensavo, e se non muore c'avrà almeno la forza di alzarsi e andarsene via. Ma il cane se ne resta lí in mezzo a patire come un torturato. Patisce e perde tanto sangue che cosí tanto manco c'era da immaginarselo che poteva stare dentro a una bestia sola. Strilla e resta immobile. Fermo in mezzo a tutto quel sangue di cane, come il mucchietto di cocci di una bottiglia rotta in mezzo al vino che s'è versato. E manco mi posso girare dall'altra parte. Me ne devo restare a guardarmelo che patisce e si sgonfia di tutto quel sangue. Perché m'hanno dato l'ordine di tenere sotto controllo quel crocicchio di strade e non devo staccare l'occhio. E in mezzo al crocicchio, davanti all'occhio c'è 'sto cane che agonizza per un giorno intero e io me lo devo godere tutto lo spettacolo. E nemmanco posso spargli un altro colpo che se lo viene a sapere il sergente mi manda pure sotto processo.

Poi, la sera, quando la bestia ha finalmente deciso che è morta e arriva l'ora del coprifuoco, penso che è meglio scendere per strada e portarla via. Forse perché il giorno appresso mi sarei dovuto rimettere a guardare in quella direzione e mi toccava di sorbirmi pure il corpo del cane morto che si disfaceva. O forse mi dispiaceva di aver sparato a quest'animale. Magari c'avevo i rimorsi per aver ammazzato 'sto povero agnello di Dio che era morto per salvare tutto il resto della gente del paese. E cosí me ne scendo a raccogliere da terra la povera bestia crocefissa su quell'incrocio di strade. La raccolgo e me la lego alla cinta come fanno certi cacciatori quando raccolgono la lepre appena cacciata. E con la bestia alla cinta me ne vado verso il fiume per seppellirla.

Ma appena passo il crocicchio mi sento uno che chiama da una finestra "Ma dov'è che andate girando di notte con un cane morto legato alla cintura?"

Gli dico che "vado a seppellirlo. 'Sto cane morto finirà per portare qualche malattia e poi io mi penso che una sepoltura se la merita 'sto cane, che pure se ha vissuto da bestia per i patimenti che ha sofferto gli sarà cresciuta un'anima in petto".

E quello mi dice che "invece di seppellire un cane, seppellite mio padre che è morto oggi. Mio padre che s'è fatto la prima guerra e dopo la prima l'hanno mandato in Africa. Che dopo l'Africa l'hanno portato in Spagna e ha fatto in tempo a farsi spedire pure in Albania. Quattro guerre s'è fatto mio padre e adesso è tornato a casa solo per morire".

Io penso che mica posso seppellire un cane e lasciare quel padre morto nella casa del figlio. Cosí mi carico quel padre e lo porto al fiume. Ma faccio in tempo a camminare per pochi metri che mi sento chiamare. È una donna. Una che mi chiede "Dov'è che andate girando di notte con un vecchio in braccio e un cane legato alla cintura?"

E io gli dico che "vado a seppellirli. Il vecchio s'è fatto quattro guerre e 'sto cane morto finirà per portare qualche malattia e per i patimenti che ha sofferto gli sarà cresciuta un'anima in petto".

E la donna mi dice che "il cane è una bestia e quell'uomo c'ha avuto almeno il tempo di invecchiare. Mio marito invece è morto che manco un figlio mi ha lasciato. Seppellite il marito mio".

Cosí mi penso che pure quel marito si merita una sepoltura, ma "passerò domani ché stanotte c'ho le braccia impicciate e non so come caricarlo il marito vostro..."

"Prendete il carro di mio marito, – fa lei, – tanto non serve piú a nessuno, caricateci sopra pure tutti quell'altri morti vostri", e col carro me ne vado verso il fiume, ma non cammino manco per un metro che mi fermano un uomo e una donna col figlio in braccio, mi chiedono "Dove andate girando con questo carretto di morti?"

"Vado a seppellirli. Questo giovane è morto che manco un figlio gli ha lasciato alla moglie, il vecchio s'è fatto quattro guerre e 'sta carcassa di cane finirà per portare qualche malattia e per i patimenti che ha sofferto gli sarà cresciuta un'anima in petto".

Ma quelli dicono che "il vecchio è vecchio, il cane è una bestia e quest'uomo ha fatto in tempo a trovarsi una moglie, ma il figlio nostro che vita gli è toccata? Seppellite il figlio nostro..." e sul carro ci carico pure quel ragazzino. Ce lo carico e scendo verso il fiume. Scendo ma a ogni metro mi ferma qualcheduno, chiede se "siete voi quello che seppellite i morti?" ché ormai s'è sparsa la voce di un soldato che passa col carro a raccogliere i morti nelle case. Uno che passa... come lo stracciarolo passa a raccogliere rottami di ferro, caldaie sfondate, scarpe rotte e ossa rosicate, pezzi avanzati alla vita di tutti i giorni, cosí pure io vado raccattando i corpi dei morti avanzati alla guerra.

"Siete voi quello che seppellite i morti?"

E col carretto arrivo al fiume».

Dodici

«Durante la guerra la notte è la fine del mondo.

E pure il fiume pare che si ferma di notte. Come se di notte quella disordinata discesa che fa scivolare l'acqua dalle montagne si fosse raddrizzata per spregio alla legge di gravità o a quel filosofo greco antico che prendeva a paragone proprio il fiume per dire che *tutto scorre*. Proprio come se il fiume se ne potesse stare finalmente fermo come l'acqua dentro al bicchiere.

Mi avvicino al fiume e mi metto a scavare.

Ma non faccio in tempo a sotterrare nessuno che da lontano vedo che arrivano certi soldati. Certi soldati che non sono italiani e nemmanco sembrano tedeschi. Certi soldati stranieri che sembrano americani. Allora mi butto in mezzo ai morti a fare il morto pure io visto che con tutto quell'ingarbugliamento di eserciti non so piú chi sono l'alleati e chi sarebbero diventati i nemici.

Cerco di fare il morto. Cerco di ricordarmi come è fatto un morto.

E qualche morto l'avevo pure visto in quella guerra, ma adesso che devo mettermi a fare il morto pure io mi sembra di essere un morto tutto sbagliato. Mi pare che ho preso 'na posizione mezza stortignaccola, 'na cosa troppo sgraziata per un morto. Poi non mi riesce di tenere le mani ferme e non mi ricordo se i morti ce l'hanno aperte o chiuse e nel dubbio metto i diti un po' rincagnati come uno che per la debolezza gli è sfuggita la zappa, uno co' le mani de ricotta... come si dice a casa mia, e senza la zappa è rimasto co' le mani mezze aperte e mezze chiuse. L'occhi è sicuro che devono restare chiusi, ché se mi si avvicina qualcuno l'occhio è la prima robba che ti scappa di muovere. E la bocca invece la tengo aperta come certi morti che ho visto da ragazzino, certi morti naturali che erano morti per mancanza di fiato e nella ricerca dell'ultima boccata d'aria s'erano trovati a trapassare con la bocca aperta. Cosí quando arrivano i soldati americani il primo che vanno a controllare sono proprio io. Io che resto fermo con le mie manucce de ricotta e la bocca da ultimo sospiro tanto che all'americani gli sembro proprio un morto vero perché si mettono a parlare tra di loro come per dire "questi so' tutti morti..." e mi convinco di essere stato proprio un bravo attore. Il piú morto tra i morti e manco ero morto sul serio.

L'americani ci hanno un discreto rispetto e si mettono a una certa distanza. Aprono certe scatolette di ferro e mangiano una robba solida che ci sta dentro. Poi si mettono a dormire con uno di loro che resta di guardia e dopo dieci minuti si addormenta pure lui.

Mo' dormono tutti vicino a 'sto fiume che pare un fiume che non scorre piú in nessun verso, come uno che si è perso la strada e non trova nessuno che gliela può indicare.

Poi dopo manco un'oretta arriva qualchedun altro e io me ne accorgo solo quando i giochi so' fatti. È un gruppetto di tedeschi piú sparuto e piú spaurito dell'americani. Hanno passato il fiume e so' tutti fracichi. E cosí fracicati sembrano pure piú ragazzini, sembrano ancora piú secchi e allampanati. Faccio appena in tempo a riaprire l'occhi che l'americani so' passati dal sonno alla morte come uno che muore d'infarto e non s'accorge di niente. Solo in quel momento i tedeschi si mettono a parlare e si fanno sentire.

Io mi rimetto a fare il morto.

Faccio il morto e un attimo dopo pure quei tedeschi si avvicinano al carretto e al mucchio di cadaveri. In particolare tra i tedeschi ce ne sta uno che pare piú ragazzino di tutti. Si muove tutto infreddolito dentro alla divisa ciancicata dall'acqua fredda del fiume. Un militare giovane giovane che era diventato adulto per decreto del führer. Uno di quelli che l'avevano mandati in guerra ma a malapena s'erano imparati a fare il nodo ai lacci delle scarpe.

Un ragazzetto con una chiazza rossa in faccia.

'Na chiazza che gli stava a diventare viola per il freddo che s'era buscato durante la traversata nell'acqua. Insomma... 'sto ragazzetto chiazzato s'avvicina al carro e si guarda i morti che ci stanno ammucchiati e sopra il mucchio si mette a smicciare proprio a me che sto coi diti mezzi chiusi e la bocca aperta. Mi guarda e forse gli sembro il piú morto di tutti perché poi si gira e nella lingua sua ai compagni camerati gli dice qualche razza di frase che pare essere di conforto, come dire che "questi so' tutti morti!" Allora l'altri tedeschi si caricano i soldati americani e ammucchiano pure quelli sul carretto. Poi si mettono a dormire e di guardia ci resta il ragazzino con la chiazza in faccia. Mo' che s'è asciugato la divisa fracica gli deve essere passato pure il freddo e la faccia gli è ritornata bella chiara chiara, quasi fosforescente come ce l'hanno la gente dell'alta Europa che il sole lo conoscono poco e niente. E nella fosforescenza di quella pelle sbiancata la macchia rossa si vede pure meglio di prima. Rossa di un rosso che fa impressione, come se tutto il sangue si andasse ad ammucchiare in quella parte di faccia tra il naso e la bocca. Il ragazzetto tedesco con la chiazza in faccia si mette di guardia e cerca di stare attento a non ripetere la stessa fregnaccia del suo collega americano in maniera di non far crescere l'ammucchiata di morti sul carretto. Ma nemmanco a lui gli riesce di rimanere bello sveglio e s'addormenta col fucile in mano e appresso a lui, nascosto tra i corpi, m'appennico pure io.

Tutti dormono e chi non dorme è morto. L'unico sveglio pare il fiume che in mezzo a tutto 'sto sonno si rimette in marcia, come se alla fine di questa notte la discesa che prima s'era raddrizzata si fosse rimessa per storto.

Mo' il bicchiere s'è rotto e l'acqua ha ricominciato a rovesciarsi».

Tredici

«D'estate la notte è piú corta.

E passata la notte i tedeschi si svegliano e se ne vanno via facendo una mezza fila tutta storta. E alla fine di questo smozzicato mucchietto di soldati, rimanenza del grande esercito germanico, ci sta il militare con la chiazza in faccia. Pare il piú sderenato di tutti, ché almeno l'altri compagni camerati hanno dormito sdraiati per terra, mentre che lui, che è stato di guardia, s'è addormito seduto e mo' gli dolono l'ossa. Forse si allontana biascicando pure qualche bestemmia per quell'ossa rotte che si sente nella schiena, ma è tutto un biascicare in tedesco. Io so' uno che a malapena capisco l'italiano, e il resto delle lingue dell'esseri umani mi rassomigliano a una mezza specie di parolacce. E pure quel soldatino chiazzato che chiacchiera da solo mentre si allontana in coda all'altri soldati sdruciti... pure le parole del soldato chiazzato mi sembrano un intruglio indecente di parole sgarbate, e invece magari quello s'è messo a pregare la Madonna di rimandarlo a casa.

I tedeschi se ne vanno via. Io inizio a sfilarmi da sotto ai soldati americani che mi hanno ammucchiato addosso. Muovo le mani di ricotta che si sono raggrinzite e scendo dal carretto. Mi sento tutto rintronato e stanco come uno che è tornato dall'altro mondo a piedi. Me ne vado verso il fiume a sciacquarmi la faccia perché mo' mi tocca ricominciare a scavare la fossa per questi morti che c'ho sul carretto e poi tornarmene alla finestra a controllare la strada che il sergente mi ha assegnato il giorno prima, ma nel mentre che mi sciacquo la faccia nel cervello mio incomincio a ragionare su quello che mi è successo.

Per primo mi chiedo: come ho fatto a imparare cosí in fretta a fare il morto?

Per secondo mi chiedo: come è possibile che l'americano e il tedesco appresso a lui m'hanno scambiato per un morto vero?

E poi mi rispondo che significa che ero morto davvero! È evidente che l'americano e il tedesco hanno visto propriamente quello che hanno creduto di vedere. Hanno visto un morto e non uno che faceva finta. E se adesso mi sono rialzato e c'ho avuto pure la forza di sciacquarmi la faccia vuol dire che ho smesso di essere morto.

Vuol dire che sono appena resuscitato...

Mi capacito del fatto che sono appena morto e resuscitato come un Gesucristo che ha fatto tutto da solo e gli è toccato pure di sbrigarsi a fare in una mezza nottata quello che Gesú Cristo vero ha fatto in tre giorni. E appena mi capacito torno di prescia al carretto e attacco a resuscitare tutti l'altri morti.

Mo' co' le mani belle li resuscito tutti.

E si rialza il vecchio che s'è fatto quattro guerre e il marito che era morto senza lasciare figli. Si rialzano i soldati americani, il ragazzino e pure il cane che avevo visto agonizzare per un giorno intero in mezzo al crocicchio di strade.

Si rialzano tutti come se quella mattina a cavallo tra l'estate e l'autunno del 1943 fosse incominciato il giudizio universale. E appena si rimettono in piedi sulle gambe loro corrono a buttarsi nell'acqua del fiume per sciacquarsi la faccia, le mani e le braccia. Ma io gli dico che "è meglio che non la bevete quell'acqua lí. I tedeschi l'hanno avvelenata l'acqua!" E quelli allora se ne vengono da me e mi incominciano a chiedere un pezzo di pane o di formaggio, ma io non c'ho niente, gli dico che "non c'ho né l'acqua, né il pane e nemmanco il formaggio e pure al paese non c'è rimasto quasi niente".

E allora i morti chiedono se "la guerra?... è finita la guerra?"

Ma io gli dico che non è ancora finita visto che i tedeschi ancora si sparano con l'americani. Gli faccio che "manco vi posso dire chi sarebbero gli alleati nostri ché è già da qualche giorno che il sergente ci dice di non fidarci di nessuno perché nemmanco lui sa piú niente".

E il vecchio che s'è fatto quattro guerre mi chiede "E allora perché ci hai resuscitato?"

E dice pure che "noi eravamo morti e a questa maniera c'eravamo evitati di patire ancora per la fame, la sete e la guerra. Adesso ci hai riportato in vita, non è cambiato niente e forse stiamo pure peggio di prima. Mica t'abbiamo chiesto niente! A noi ci bastava che ci scavavi la fossa e se non lo facevi tu l'avrebbe fatto qualcun altro. Invece mo' sta pure per ricominciare l'inverno e ci toccherà di soffrire anche il freddo. Era meglio che ci lasciavi dove c'avevi trovato... era meglio che ci lasciavi in pasto alle mosche".

Appresso al vecchio incominciano a lamentarsi tutti l'altri. Si lamentano pure l'americani nella lingua loro e persino il ragazzino che manco aveva ancora imparato a parlare. Allora mi sforzo di spiegargli che un motivo per campare non manca mai. Di raccontargli tutte le infinite bellezze della vita, ma piú mi guardo intorno e piú non mi viene da dire niente. Mi guardo il paese e in mezzo alle strade non passa nessuno. Stanno tutti chiusi dentro casa pure quando non c'è il coprifuoco e dai paesi vicini si sente sparare. E pure i boschi e i campi incominciano a smorzare i colori mo' che arriva l'autunno. Mi guardo intorno e 'sti morti appena resuscitati sembrerebbero gli unici esseri umani vivi che s'aggirano per le campagne.

Cosí pure io mi azzitto.

Mi azzitto e mi metto a camminare per la campagna. Cammino e perdo la strada ma non c'ho prescia di ritrovarla e appresso a me camminano tutti l'altri che di prescia ce n'hanno ancora di meno. Camminano solo perché certe volte è meno penoso camminare che starsene fermi. E dopo una mezza giornata che camminiamo ci accorgiamo che stiamo facendo la stessa strada dei soldati tedeschi, che gli andiamo appresso appresso come le pecore al cane. Infatti questo gruppetto di tedeschi se ne sta là davanti e si dirige verso Roma e l'ultimo della fila è proprio il ragazzetto con la chiazza rossa in faccia che si muove lento lento mentre pesca le fusaje da un sacchetto. Succhia la fusaja e butta la coccia e forse è la prima volta che assaggia 'sta specie di fava insipida e qualcheduno gli deve avere spiegato che se le deve mangiare cosí.

Io cammino davanti alla fila dei resuscitati da poco. Mo' che ho appena smesso di essere morto mi accorgo che mi è venuta fame... ché la resurrezione mi ha aperto lo stomaco. Io mi mangio tutte 'ste cocce di fusaje succhiate e seguo la strada come Pollicino co' le molliche di pane. Ogni tanto i tedeschi avanzano qualche torso di mela, un pezzo di pane muffito, buttano un barattolo di carne con qualche rimasuglia e io raccolgo l'avanzi. Pure il cane si impegna a rimediare qualche bestiola o qualche mucchietto d'erba e pare l'unico che incomincia a piacergli di non essere morto.

Tutti l'altri pare che campano d'aria.

Poi lungo la strada per Roma crollano uno alla volta. Si fermano in mezzo alla campagna, si guardano intorno, si trovano un posto e cascano in terra. Come le mosche intontite dal didditti che smaniano, ronzano, sbattono l'ali e poi tirano il fiato.

Il primo è il ragazzino, e per ultimi gli è toccato morire all'americani che essendo soldati gli hanno imparato che davanti alla morte bisogna mettersi in coda alla fila. Gli hanno imparato la galanteria di morire per ultimi.

Uno appresso all'altro i morti ritornano ad essere morti e la resurrezione non gli è servita a niente.

Oltre a me... solo il cane continua a campare e mo' che s'è trovato un padrone è contento come se per lui la guerra fosse proprio finita e tutti e due insieme ce ne andiamo appresso ai tedeschi fino alle porte di Roma. Tutte le sere ci guardiamo 'sti tedeschi fermi da qualche parte per le campagne. Tutte le sere il gruppetto di soldati mettono di sentinella il ragazzetto con la chiazza rossa in faccia e ogni volta quello si abbiocca nel mentre che resta di sentinella. E io mi penso che 'sto ragazzetto c'ha avuto la disgrazia di ritrovarsi una chiazza rossa in mezzo alla faccia, ma ogni notte è ripagato con la fortuna di addormentarsi durante la guardia senza che gli succede niente. Cosí camminando appresso appresso a quel gruppetto di militari entriamo a Roma passando per l'Anagnina, e insieme col cane ce ne andiamo per i prati dell'Appio Claudio mentre che i tedeschi si infilano nell'osteria del Curato.

Questa è la campagna romana.

Da questa periferia fatta di pini e di frasche ricomincia la città di Roma. Da queste parti prima della guerra il principe Torlonia ci allevava i maiali e i pecorari ci venivano a pascolare le pecore. Mo' chi c'ha una bestia se la tiene nascosta per paura che i tedeschi gliela portano via.

Mo' in questi prati non ci vengono manco i cani a pisciare».

Quattordici

«A casa mia mi pensavano morto.

Cosí appena so' ritornato... di tutta la famiglia nessuno m'ha riconosciuto. Quando hanno visto arrivare 'sto militare mezzo sderenato manco gli è passato per il cervello che poteva essere il parente loro, il barbiere. M'avevano dato per morto e tutti s'erano messi l'anima in pace. Mia moglie aveva pure scancellato il nome dal campanello e si faceva chiamare col nome da signorina. La casa sua era diventata tutta una casbah di parenti burini scappati dalle campagne per i bombardamenti. Quelli erano venuti a Roma pensando che l'americani non avrebbero mai colpita questa santa città e invece erano arrivati in tempo in tempo per godersi il bombardamento di San Lorenzo e l'inizio dell'occupazione nazista.

Insomma i parenti non m'hanno riconosciuto.

Ma pure io stavo per non riconoscere Roma. Il quartiere mio era tutto sventrato. Appena arrivato a Roma mi avevano detto dei bombardamenti e io m'ero subito informato di San Lorenzo. Per la strada mi spiegavano che era stato il primo quartiere a essere colpito. Mi avevano detto che "è stata 'na tragedia. Del quartiere tuo non c'è rimasto niente". E adesso che stavo a casa, invece, mi sembrava tutto il contrario. Il quartiere c'era rimasto tutto, ma sopra al quartiere mio pareva che ce n'avessero ammucchiati un'altra quindicina. Perché m'ero fatto un'idea delle bombe come di qualcosa che svuota, come una mano gigante che viene a portare via i palazzi e le fontane. E invece a San Lorenzo ci stava talmente tanta robba ammucchiata da tutte le parti che non si riusciva a camminare per le strade. Tra l'ammucchiate di macerie le case si intravedevano appena. Il quartiere l'ho riconosciuto, ma sopra al quartiere pareva che c'avevano scaricato le rovine di Pompei.

Alla famiglia mia gliel'ho dovuto dire io che "sono il barbiere, il parente vostro! So' tornato!" e tutti mi hanno guardato le mani. Tutti si ricordavano le mani belle che c'avevo quando facevo il barbiere. Certe mani che parevo una diva del cinema. Certi diti lunghi e fini che a vederli infilati nei buchi delle forbici avresti detto che erano diti di donna... e pure una donna bella. Cosí tutti mi hanno guardato le mani, ma pure quelle parevano bombardate come il quartiere di San Lorenzo. Pure quelle pareva che c'avevano ammucchiato sopra altre dita pescate a caso da qualche altra mano avanzata alla guerra.

Ma io non ho detto piú niente. Me ne so' andato nella camera mia a prendere il vestito da morto, quella specie di corredo che era un'usanza di famiglia. Ho tirato fuori il vestito dalla naftalina già lavato e stirato, co' le tasche ancora cucite, senza che nessuno se l'era mai infilato e senza manco una logratura. Ho levato la divisa e me lo sono infilato addosso. Allora i parenti hanno capito tutto e mia moglie con mia madre hanno pianto e m'hanno abbracciato.

Si sono messi a chiedere. E io ho detto che m'ero messo il vestito da morto perché adesso potevo permettermi di portarlo. Ho detto che ero morto e risorto. Ho raccontato del crocicchio di strade e dell'agonia del cane. Ho detto del giovane morto senza figli e del vecchio che s'era fatto quattro guerre... dell'americani che erano stati ammazzati dai tedeschi e del ragazzetto con la chiazza in faccia. Ho detto della gente resuscitata e di come tutti, tranne il cane, s'erano lasciati morire. Poi mi sono messo a dormire e ho dormito per tre giorni e tre notti. Dormivo col vestito funebre addosso che parevo morto davvero. E pure il cane dormí per tre giorni e tre notti. Tre giorni appresso mi sono rialzato e col cane ho trovato 'sto posto a via dei Sabelli. Mo' è quasi un anno che sto qua sotto e faccio l'elemosina... qua sotto al mezzo palazzo rimasto in piedi dopo il bombardamento».

Cosí parlò il barbiere.
E dopo aver parlato rimase zitto.

Quindici

Mio padre raccontava che il barbiere era storto. Ma anche il cane era storto.

Mio padre diceva che durante il racconto quel cane muoveva la coda per farsi capire che stava a sentire, per dire che era tutto vero.

E quella storia vera mio padre se l'era sentita tutta. La storia di uno che prima di andare in guerra c'aveva avuto le mani belle, e mo' la bellezza di quelle mani la poteva soltanto raccontare. Mo' che le mani gli erano diventate un'incartata di diti contorti.

Però mio padre raccontava pure che ci stava una cosa che non ha mai capito. È la questione del cane. Tutte le volte che raccontava 'sto fatto gli veniva da pensare alla questione del cane. Pensava che «tutti l'altri resuscitati si sono lasciati morire e il cane sopravvive ancora.

Forse perché l'istinto dei cani è quello di vivere, e appena c'hanno l'opportunità di farlo non si stanno a tirare indietro.

Forse perché s'era affezionato a questo barbiere e non c'aveva cuore di andarsene pure lui all'altro mondo.

O forse perché i cani non sono come i gatti. I cani di vita ce n'hanno una sola e se gliene concedi una seconda... ce se attaccano come a un osso!»

Ma adesso che era finito il racconto pure il cane se ne stava fermo. Tutti e due stavano fermi.

Mo' il barbiere pareva pure che si fosse addrizzato. Non era piú tanto storto. Pareva che stesse dritto come le pieghe del suo vestito.

E pure il cane si accasciò e non si mosse piú. Pure il cane sembrava che qualcuno l'avesse ripiegato per bene come una camicia stirata da infilare in un cassetto.

Restarono zitti. Fermi e zitti e in quella maniera ci sarebbero potuti restare per una giornata intera. Fermi come una statua di bronzo, e in mezzo alla strada parevano 'na specie di Marco Aurelio che gli avevano fregato il cavallo e al posto di quella bestia lussuosa gli c'avevano messo un cane.

A questo cavaliere scavallato gli mancava soltanto l'epigrafe, la scritta che scolpiscono sotto alle statue vere.

Qui sotto c'avrebbero potuto scrivere

ETERNA GLORIA A TUTTI I SOLDATI
CHE PER TORNARE A CASA VIVI
GLI TOCCA DI RESUSCITARSI DA SOLI.

Sedici

La società s'era allargata.

Mo' c'era la sora Irma che era rimasta in trattoria, il sor Giulio con mio padre e il ragazzino invecchiato ai quali si aggiungevano un barbiere vestito da morto e un cane. Ma una bestia e cinque cristiani non arrivavano a mettere insieme mille lire cosí se ne andarono tutti verso la stazione.

Lungo la strada Nino vide l'incartata di robba che suo padre si teneva in mano e voleva sapere «Che te nascondi dentro a quel pacchetto?»

«Ce nascondo un pezzo di fegato con un ovo fresco che m'ha rimediato ieri sera la sora Irma», gli rispose mio nonno che aveva fatto un buco in mezzo alla carne floscia e ci aveva infilato l'uovo, cosicché il fegato faceva pure da imballaggio di sicurezza. In queste cose il sor Giulio si faceva furbo. Forse perché era un tempo che si puzzava di fame e pure un uovo era una robba da starci attenti. Forse perché nell'anni che era stato giovane facendo il carrettiere si era imparato a trasportare l'oggetti fragili.

Alla stazione Termini ci stava l'andirivieni dei soldati tedeschi. Stavano talmente impicciati per la prescia di andarsene che mollavano la robba nell'uffici e nei magazzini senza manco preoccuparsi di chiudere le porte. Cosí la gente aveva incominciato a passarsi la voce che a Termini si rimediava qualche coperta e qualche chilata di patate. Le donne s'ammucchiarono fuori da una porta di ferro nel mentre che una di loro s'era infilata dentro per smicciarsi il magazzino. Poi chiamò e disse che «ce sta la grotta de Alí Babbà! Correte ché i ladroni so' scappati...»

Appresso alle donne arrivarono al magazzino pure un gruppo di pischelli. Uno piú paraculo dell'altri invece di interessarsi alle coperte si accaparrava solo le patate ammucchiandosele nella maglietta che s'era sfilato... gli aveva fatto un nodo alla vita e l'usava come un sacchetto. Entrava con la maglietta vuota e usciva carico. Traversava la strada e svuotava tutto sulla carioletta di legno di un vecchio. Quando Nino, mio nonno e il resto della compagnia passarono per la stazione si sarebbero volentieri fermati a raccattare qualcosa pure loro, ma ormai le scorte erano finite e le donne coi ragazzini se ne tornavano verso casa con l'oro di guerra che avevano rimediato.

In quel mentre il ragazzino paraculo scaricò l'ultimo carico di patate e si allontanò col carretto. Il vecchio che era stato di guardia alla mercanzia si prese una patata dal carico e gli andò dietro. Mentre camminava pulí la patata sui calzoni zozzi e incominciò a succhiarsela. La mozzicava come una mela, ma non c'aveva i denti e si doveva accontentare di ciucciarsela come 'na caramella.

Nino si guardava 'sto ben di dio che presto si sarebbe allontanato con tutta la cariola e gli sarebbe andato dietro come il somaro alla carota. Cosí il ragazzino che la spingeva gli si fermò davanti e gli chiese «Che c'hai da guardà?»

«Che me la dai 'na patata?» gli disse Nino.

Il ragazzino gli rise in faccia... «Ma che m'hai preso pe'

la Croce Rossa? Io mica vengo a fa' l'elemosina all'accattoni. Ma che non me vedi che pur'io faccio la questua?» E con uno strattone riprese la rincorsa. Mi' padre gli disse che «ahò, t'ho chiesto 'na patata, mica t'ho detto che me vojo portà via la cariola co' tutto er vecchio!»

Il ragazzino paraculo manco gli rispose e tirò dritto. Fece un altro pezzo di strada e vide che Nino, il sor Giulio, il barbiere e il ragazzino invecchiato continuavano a stargli appresso. E mentre il vecchio che era tutto sdentato cercava di succhiarsi 'sta patata, senza manco girarsi il ragazzino fece «Ma che me state ancora a vení dietro? Ma l'avete capito che non c'abbuscate niente... che 'sta cariola non è un'opera pia?»

E Nino gli disse che «Ancora co' 'sta cariola? Noi dovemo arrivà a San Giovanni, scendere per l'Appia e arrivà al Quadraro. Che dovemo pure cambià strada pe' fatte contento?»

E allora quell'altro gli fece che «La strada è di tutti. Però è dalla stazione che me state a vení dietro. Me pareva un inseguimento! Ma basta che non ve fate vení in mente idee mascalzone sulle patate mie e potete camminà dove ve pare».

E incominciò a cantare come se ci fosse soltanto lui in mezzo alla strada.

«Chi crede nell'amore
Insegue una chimera
Solo colui che spera
Trova la donna semplice e sincera...»

e gli prese una ridarella che saltellava tutto scomposto.

Entrarono per piazza Vittorio in fila che pareva un corteo. Una processione striminzita di gente che seguiva la cariola come il prete coi chierichetti vanno appresso al santo. Tagliarono sotto i portici e scesero per via Emanuele Filiberto.

Sulla parallela rispetto alla strada loro ci sta una stradina che c'ha il nome di un poeta. È via Tasso. Al numero 145 c'è una palazzina che a quel tempo c'aveva le finestre murate e tutti lo sapevano che lí dentro ci stava il carcere nazista. Lí davanti fino al giorno prima c'era il filo spinato coi soldati di piantone e nessuno ci passava da mesi. Ma durante la notte i tedeschi se n'erano andati via e s'erano portati dietro quattordici antifascisti che poi sarebbero stati fucilati sulla Cassia. Gli altri carcerati erano rimasti dentro, e la gente del quartiere li aveva fatti uscire adesso che di tedeschi non se ne vedevano piú. A guardarsi quel pezzo di Roma che era cambiato tanto pareva proprio che l'occupazione fosse finita. Ma pure l'8 settembre tutti s'erano creduti che era finita la guerra e invece ne stava a incominciare una peggio. Cosí adesso la gente non s'azzardava a festeggiare.

E fecero bene a non festeggiare perché in quel momento sopra i santi di pietra della basilica di San Giovanni passarono tre o quattro aeroplani. Uno che stava davanti e pareva tedesco e l'altri che dovevano essere inglesi che gli sparavano addosso.

«Vojo guardà, famme guardà 'st'aerei che se sparano!» diceva Nino che appena uscito dal cinema Iris s'era subito reso conto che la passeggiata verso casa sarebbe stata una mezza avventura, una specie di film del cinematografo. Cosí per un attimo rimase con l'occhi per aria a guardarsi la scena e alla stessa maniera stava pure il ragazzino paraculo che spingeva la cariola. E pure il vecchio s'era incantato con la testa rovesciata all'indietro. L'aeroplani lo avevano sorpreso mentre si succhiava la patata che gli era rimasta in mano. Intanto la gente che stava verso Porta San Giovanni si buttò per i prati e pure il sor Giulio doveva trovare un posto dove andarsi a nascondere. Si acchiappò Nino e insieme al ragazzino invecchiato di San Lorenzo, il barbiere morto e resuscitato, il cane, il vecchio e il paraculo con le patate si imbucarono in un portone. La porta dava su tre scalini e da piedi ci stava un'altra porticina. Scesero sotto e si infilarono in una specie di buca, una buca che doveva essere stata scavata con la pala e col piccone per quanto che era storta. Stavano tutti e sette ammucchiati. In sei cristiani piú il cane. Nino e il sor Giulio tenevano la porta con la schiena e il ragazzino stava col culo sulle patate. Il vecchio s'era infilato in una spaccatura nel muro tanto che pareva incastrato in quello sbrego da sempre. Pareva che quel buco fosse il buco suo, se l'era infilato come un vestito.

Il ragazzino paraculo si mise a parlare con mio padre. Gli chiese «Dove vai girando co' tutta 'sta compagnia di persone?» E mio padre gli raccontò che «noi siamo 'na società. Una società che nasce allo scopo di comprarsi un maiale. Un maiale che un certo parente della sora Irma... che è 'na donna che c'ha la trattoria... insomma, 'sto parente ha rubato un maiale ai tedeschi e se lo venderebbe a mille lire. Noi abbiamo costituito questa società, ma arriviamo a mettere assieme non piú di settecento lire scarse...»

E il ragazzino paraculo gli disse che «Con settecento lire riuscite a comprarvene un bel pezzo di quella bestia».

«E no! perché il maiale è vivo, sta nascosto a Frascati e non si può ammazzare per non creare confusione. Ma oramai l'americani so' quasi arrivati. Mio padre l'ha saputo dalla sora Irma e mo' c'abbiamo avuto la conferma anche da questi altri due che l'hanno visti arrivare in un paese alle porte della bassitalia. È per questo che ci dobbiamo sbrigare a trovare le mille lire, perché appena i tedeschi se ne vanno via il parente di Frascati ammazza il maiale.

E tu dove vai girando co' 'sto vecchio? Chi è? È tu' nonno?»

Il paraculo mezzo arrampicato sulla pila delle patate gli rispose che «Manco lo conosco a questo. È uno che ho incontrato stamattina. Un vecchio che girava pe' piazza Vittorio co' 'sta cariola. Stavamo assieme quando avemo sentito che alla stazione c'era da rimediare e siamo andati a vedere. Lui ha portato la cariola e io ho rubato le patate. Insomma, per darci una mano d'aiuto avemo fatto pure noi 'na società de morti de fame. Ma a me mi pare che manco parla! Credo che il vecchio è un mezzo ritardato, un muto...»

E invece il vecchio che stava incastrato nel muro come un ex-voto spiccicò due parole e poi incominciò a parlare.

Quando mio padre raccontava 'sto fatto diceva che «il vecchio parlò come l'oracolo».

Diciassette

Dio generò l'uomo da un mucchio di terra.

Lo fece col fango e coi sassi sotto a un cielo che era appena stato creato.

Poi lo condannò a vivere per morire e ritornare a essere polvere nella terra. E quel vecchio incastrato nel muro sotto alla buca... in quella specie di catacomba striminzita... pareva proprio che parlava per impedire che Dio lo ritrasformasse in un sasso.

Quando mio padre raccontava 'sto fatto diceva che il vecchio parlò come l'oracolo.

«A casa mia i morti li sotterrano scalzi.

A casa mia dicono che le scarpe sono troppo pesanti per i morti. Dicono che li inchioderebbero a questo mondo in mezzo ai vivi. Crocefissi alla vita pure da morti.

A casa mia pure i ragazzini camminano scalzi. E io da ragazzino mi impressionavo a girare scalzo come i morti.

A casa mia il primo morto che ho visto era un vecchio che abitava vicino di casa. Stava dentro alla cassa da morto e pareva piú corto che da vivo. Non che da vivo fosse stato un gigante, ma adesso sembrava piú corto. Ma visto che da vivo questo vecchio era un morto di fame io mi sono pensato che l'avevano messo nella cassa di un morto piú corto di lui. Pure quel vecchio l'avevano messo dentro alla bara senza le scarpe.

Ma poi è morta pure la moglie del vecchio. Io l'ho vista questa vecchia morta e pure lei mi pareva piú corta. E pure tutti gli altri morti che ho visto negli anni appresso mi parevano piú corti di quando erano vivi. E io mi pensavo che "deve essere 'na questione di scarpe. E se è vero che all'altro mondo è pieno di morti, di tutti quelli che sono morti nei secoli dei secoli, significa che non ci sta spazio per tutti. Cosí è meglio andarci senza le scarpe e sperare di rimediarsi un buco risicato dove passare il resto dell'eternità. Scalzi fino alla fine dei secoli".

A casa mia quando ho compiuto venti anni m'hanno dato una specie di scarpe di legno. M'hanno fatto gli zoccoli con le brocchette di ferro per non consumare il legno dei tacchi. E con le scarpe di legno sono arrivato all'Appio Claudio per guardare i maiali della famiglia Torlonia. Sono arrivato che ci stavano solo l'archi dell'antichi romani.

Io non c'avevo né figli, né moglie e nemmeno le scarpe. C'avevo gli zoccoli con le brocchette di ferro e guardavo i maiali.

Poi mi ricordo del capodanno che abbiamo festeggiato il secolo nuovo. Mi ricordo che siamo andati tutti a San Giovanni quando passava il dirigibile. Mi ricordo il funerale di re Umberto e l'incoronazione di re Vittorio. Mi ricordo quando arrivò la corrente elettrica. Mi ricordo che l'ho vista dentro alla casa dei Torlonia. Ma quando l'ho vista io già era arrivata da un pezzo... cosí ho fatto finta di niente, come una cosa che già conoscevo. Mi pareva che per loro era una cosa normale e ho fatto il normale pure io.

Poi è scoppiata la guerra, la prima guerra. Ma a quella guerra di trincea i Torlonia non mi ci hanno mandato. Hanno fatto in maniera che non mi chiamavano anche se c'avevo ancora l'età per andarci. Io dovevo restare coi maiali.

Mi ricordo quando hanno costruito il Quadraro e la gente che c'hanno mandato. Mi ricordo le case con tutte le strade in mezzo.

Poi mi ricordo che è arrivato il fascismo e i Torlonia hanno venduto un pezzo di terra per fare gli stabilimenti del cinematografo.

Mi ricordo che nei prati dei Torlonia c'hanno pure girato un film. C'hanno fatto *Scipione l'Africano* e mezza borgata è stata messa a fare le comparse. E mi ricordo che le comparse venivano a rubare le mele che avevo stipato per i maiali del principe.

Poi è scoppiata la guerra, un'altra guerra. Quest'ultima guerra.

E con la guerra so' arrivati i tedeschi e hanno portato via tutti i maiali. Questo fatto dei maiali me lo ricordo bene.

Mi ricordo che io correvo dietro ai tedeschi. Mi ricordo che pure il principe Torlonia correva. Mi ricordo che ha fermato i tedeschi e s'è messo a ricomprare i maiali uno per uno. Se n'è ricomprati cinque. Se l'è ricomprati come se non fossero i suoi, come se fossero maiali tedeschi. Ma poi mi ha detto che "questi maiali non ce li facciamo rubare". E io ho scavato cinque buche dietro all'acquedotto. Ho scavato le buche e c'ho infilato dentro i maiali, come un piede dentro alla scarpa. Torlonia diceva che "se ne andranno via 'sti tedeschi! Finirà 'sta quaresima!" e intanto c'avevamo i maiali là sotto che nessuno l'avrebbe trovati. Ogni buco ci stava un maiale e ogni giorno gli andavo a portare il pastone. Ce ne mangiammo uno alla volta e per Pasqua n'era rimasto uno soltanto. Io mi mettevo i zoccoli ai piedi. E coi zoccoli traversavo gli archi fino alla buca. Scendevo sotto terra e al maiale lo pulivo come un ragazzino. E quello era diventato talmente grosso che io ci entravo appena nel buco. Lui se ne stava tutto accasciato e da tanto che s'era fatto grasso manco gli riusciva di addrizzare le zampe. Alle volte mi svegliavo di notte e andavo a vedere se era morto. Pensavo che se moriva da solo la carne sua non si poteva piú mangiare. E Torlonia chiedeva "Come sta il tuo maiale?" e io dicevo che stava bene. E Torlonia diceva che "i tedeschi non ce lo portano via questo maiale. Mica se lo immaginano dove l'abbiamo nascosto. Il maiale nostro non lo trovano manco col cane da tartufi". Diceva che "prima o poi se ne torneranno in Germania. Finirà 'sta quaresima!"

E poi mi diceva che "tu stai sempre con questo maiale... Ma che ce parli? Gli hai dato anche un nome?" E io gli ho detto che no! Una bestia che c'ha il nome non si può ammazzare... ché pure nostro Signore Iddio aveva dato il nome ai cristiani. E adesso che c'avevamo un nome eravamo diventati tutti figli suoi.

Non si ammazzano i figli.

E non si ammazza una bestia che hai chiamato per nome!»

Diciotto

Il vecchio stava fermo fermo.

Muoveva solo la bocca come certi quadretti di Cristo in croce che gli si aprono l'occhi. Che se li vedi per dritto ce l'ha chiusi, ma se ti metti di sbieco glieli vedi aperti.

La bocca del vecchio si muoveva appena.

Diceva che «poi mi ricordo che i tedeschi hanno incominciato a scappare. E io mi pensavo che "adesso non ci verranno piú a rubare i maiali!"

Si muovevano su certe camionette scalcagnate che non rassomigliavano manco da lontano ai catafalchi luccicanti delle parate. A guardarle passare sulla Tuscolana parevano un avanzo di guerre perse. Prima passarono i carri armati e i camion, poi arrivarono i fanti.

Dopo un giorno sano la strada s'era fatta di fango fino al ginocchio per tutta la gente che c'era passata. Dopo un giorno vicino da noi si fermarono certi tedeschi. Erano un gruppetto e strascicavano le scarpe sfasciate che portavano ai piedi. Certi ragazzini giovani giovani che erano diventati adulti per decreto del führer. Certi ragazzetti di quelli che l'avevano mandati in guerra ma a malapena s'erano imparati a fare il nodo ai lacci delle scarpe.

Il piú piccoletto c'aveva una chiazza rossa in faccia e camminava tutto ingrugnato. Pareva un pischello che s'era appena mangiato la merenda e era rimasto zozzo di marmellata. L'altri camminavano davanti con un prigioniero.

Questo prigioniero era un russo che doveva essere una mezza specie di ufficiale importante perché teneva una divisa di lusso e un paio di scarpe lucide che sembravano nuove. Mi pareva che un paio di scarpe cosí non l'avevo mai viste manco dentro casa Torlonia.

Parevano scarpe di seta orientale e arabesca.

Il soldato chiazzato li seguiva a testa bassa come uno che non aveva fatto in tempo a rubarla per davvero la marmellata e gli rodeva ché gli era toccato di mangiare fusaje.

Io corro a vedere, e quelli nell'italiano loro tutto smozzicato dicono di portargli una pala. Io mi penso che questi si mettono in testa di cercare il maiale e allora gli vado appresso e ci rimango insieme. Mi carico tutta una cariola di attrezzi. La cariola con la zappa, il piccone e la pala.

Voglio controllare dov'è che vanno a scavare. Gli vado appresso e ci rimango insieme.

Mi ricordo che ci sono rimasto insieme.

Poi quel giorno s'è già fatto notte e con la notte 'sta gente si cerca un posto per fermarsi a dormire. Ma appena che ci troviamo a passare vicino alla buca dove sta infilato il maiale quella bestia si mette a strillare. Strilla ché m'ha riconosciuto. Si pensa che gli sto a portare il pastone. Ma non gli sto portando il pastone, gli sto portando i tedeschi.

E invece di portare il pasto alla bestia, ho portato la bestia in pasto ai tedeschi.

I tedeschi legano il maiale e lo tirano su. Lo sfilano come una mano dal guanto e il maiale incomincia a camminare zoppo e sbilenco. Fa mezzo metro e casca per terra. C'ha la pelle pulita pulita ché io l'avevo sempre tenuto pulito, ma a starsene tutto quel tempo infilato nel buco è diventato cieco. Cieco e sciancato. Casca e sbatte da tutte le parti e i tedeschi ridono di questa bestia ciecata.

Poi lo sparano e lo fanno a pezzi.

E in una maniera gentile mi dicono se voglio restarci pure io a mangiarmi 'sta bestia, e io mi dico che "la bestia è piú mia che vostra!" Io mi penso che 'sti tedeschi mangiano e poi se ne vanno. Penso che "finirà 'sta quaresima".

Poi ci mettiamo a mangiare e ci sta pure da bere. E in mezzo al vino e alla carne mi pare che siamo tutti compagni. Mi pare che pure i tedeschi non sono piú quella strana razza di carogne che c'hanno torturato per un anno di guerra.

Mi ricordo che stiamo seduti per terra. Mi ricordo che siamo sazi e qualcuno già s'è messo a dormire. Mi ricordo che in mezzo ai tedeschi l'unico sveglio è il ragazzino con la chiazza in faccia. Una specie di voglia che tiene in mezzo tra il naso e la bocca. Sta davanti al russo e se lo guarda per un po'. Poi gli si mette a parlare. Gli parla in tedesco, gli parla fitto fitto, una parola appresso all'altra. Che il russo gli fa segno che non sta mica a capire, che "se mi parli in russo, allora ti capisco. Ma a questa maniera tedesca stai a sprecare il fiato", ma il tedesco chiazzato s'è proprio incaponito. S'agita scomposto con le mani per aria. Chiacchiera e le parole gli scappano fuori tutte contorte. Pare che ogni parola è un intruglio di robba immischiata. Piú che un discorso pare un coro di rospi stonati.

Il russo che s'è stranito di tutto il discorso straniero si gira di traverso, si mette a dormire e dorme con tutte le scarpe. E io mi penso che "pure io se c'avevo le scarpe... pure io c'avrei dormito con le scarpe per paura che qualcuno me le viene a rubare". E nel mentre che sta sdraiato gli vedo pure le suole che sembrano piú lucide di tutta la scarpa. Sono scarpe di sete orientali e arabesche. Una robba che nemmanco lo sterco gli si appiccica per rispetto alla scarpa.

Allora il ragazzino tedesco si va a sfogare il mammatrone da un'altra parte.

E me lo chiederò fino alla fine dei secoli qual era il discorso che si andava facendo. Se parlava della madre tedesca, della moglie o dei figli, della grande Germania. Io mi figuro che stava a parlare di quella chiazza rossa che c'aveva in mezzo alla faccia. Che si sfogava per quella chiazza che pareva una chiazza di sangue. Come uno che gli avessero sparato e si sfogava perché era incazzato di essere morto.

Bofonchiando in tedesco si infila sotto a un arco e parla da solo per un'altra mezz'ora. Poi rimane zitto nel buio che se lo sta incartando.

Si vede soltanto un profilo impastato con l'erba del prato che gli sta alle spalle. Il verde marcio della divisa e il luccichio del fucile sono un'unica sagoma nera. E adesso pure la chiazza che c'ha in mezzo alla faccia gli è scomparsa.

Di traverso sotto a quei ruderi pare l'ultimo dell'antichi romani.

Stavamo alla fine di maggio che le giornate si allungano. C'aveva messo parecchio, ma era incominciata la notte».

Diciannove

«Durante la guerra la notte è la fine del mondo.

Senza tutta la caciara dell'esseri umani per dodici ore sotto all'acquedotto ci sta solo il silenzio e qualche bestia che si lamenta.

Sulle chiacchiere nostre s'era rovesciata la pipinara dei grilli che gonfiavano l'aria come un pallone.

All'alba del giorno appresso il tedesco con la chiazza rossa mi è venuto a svegliare e si è fatto capire che dovevo portare la pala. Vicino alla buca dove stava nascosto il maiale ci stavano soltanto l'ossa. Soltanto l'ossa erano rimaste di tutta la bestia. E dentro alla buca ci stava il russo che durante la notte l'avevano sparato. Il tedesco diceva che dovevo ricoprire la buca ma il russo che ci stava dentro mi pareva che ancora non era morto del tutto. Muoveva le mani e girava la faccia. Ma io non ho detto niente e l'ho ricoperto di terra. Pensavo che 'sti tedeschi se ne stavano per andare. Pensavo che era meglio non mettersi in mezzo agli affari loro. Pensavo che "mo' se ne vanno e finisce 'sta quaresima!"

Il ragazzetto con la chiazza in faccia si è accodato alla fila dei tedeschi che lasciavano Roma e io me ne stavo a tornare dal principe Torlonia. Andavo dal principe a raccontargli che era successa una disgrazia, che purtroppo gli avevano ammazzato il maiale. Ma poi mi è venuto lo scrupolo per il russo che avevo sotterrato e sono tornato alla buca a scavare. Pure la pala s'erano portati via i tedeschi. La pala, la zappa e il piccone. E solo la cariola svuotata m'avevano lasciato in mezzo all'archi dell'acquedotto romano.

E cosí mi sono messo a scavare con le mani. Ho scavato. Ho scavato e ho tirato fuori il russo, ma quello là sotto era già morto.

Cosí gli ho levato le scarpe e me le sono infilate.
Erano comode e belle come sete orientali e arabesche.
L'ho ricoperto e me ne sono partito con la cariola.

A casa mia i morti li sotterrano scalzi.

A casa mia dicono che le scarpe sono troppo pesanti per i morti. Dicono che li inchioderebbero a questo mondo in mezzo ai vivi.

Crocefissi alla vita pure da morti».

Venti

Il vecchio parlava e tutti gli guardavano le scarpe belle.

Dopo una vita che girava scalzo, sotto ai piedi c'avrà avuto una suola come gli indiani-piedi-neri del cinematografo. E adesso quei piedi vecchi e zozzi s'erano infilati in un bel paio di scarpe russe. Dalle mutande al cappello era una robba da poveracci e con quelle scarpe di seta arabesca si vedeva ancora di piú quanto era disgraziato tutto il resto comprese le mani. Infatti le mani che c'aveva scavato la buca del russo erano ridotte a un malloppo di terra e di sangue secco. Parlava e si teneva in mano 'sto mucchietto di diti spettinati come se c'avesse avuto paura di perderseli per la strada.

Poi pure il vecchio si azzittò.

Finito il mitragliamento mio padre, mio nonno, il ragazzino paraculo e il resto della società del maiale uscirono dal buco con la cariola di patate. Il vecchio fece un gesto con quella specie di mano come per dire «andate, andate...»

Rimase infilato sotto terra e non era morto soltanto perché portava le scarpe.

Uscirono fuori come tanti Lazzari resuscitati.

Mentre che se ne andavano verso l'archi il ragazzino paraculo s'acchittò a mio padre e gli disse che «io ce metto cento lire. Un po' de patate le devo portare a casa, ma qualcosa me posso anche vendere... Abbastano cento lire pe' entrà in questa società vostra?»

Mio padre vide che l'altri soci facevano *sí... sí...* con la testa e gli disse che «sí che abbastano cento lire. Co' i soldi tuoi siamo arrivati a ottocento lire scarse, e ce ne servono altre duecento... solo duecento lire».

Già da un pezzo si era fatto giorno e si sentiva sparare da tutte le parti. Sulle strade grandi come l'Appia e la Tuscolana era pericoloso passarci, cosí scesero per via Taranto. Erano in cinque, due ragazzini, due grandi e un ragazzino invecchiato. E poi c'era pure il cane e la cariola di patate a completare la processione che si dirigeva verso la fine della città, verso quella periferia che s'affaccia sui Castelli Romani. Verso le borgate del Quadraro e di Centocelle, verso Tor Pignattara e il Quarticciolo dove la gente parla di Roma come di una città lontana. Come se non fosse il posto dove è nata, dove vive e lavora. Noi di borgata diciamo «ieri so' stato a Roma» e significa soltanto che siamo arrivati a piazza Vittorio. Diciamo «io lavoro a Roma» e magari c'abbiamo la bottega a San Lorenzo... come se la città vera stesse sempre da un'altra parte, come se per essere romani per davvero si deve abitare al Colosseo o al Campidoglio. Come se per appartenere alla città non basta vivere dentro ai confini, ma tocca stare proprio a cavallo con Marco Aurelio. Per noi la città di Roma so' tre palazzi sbreccolati e tutto intorno c'è un infinito gallinaro di borgate che si propagano come un terremoto... e piú ti allontani dal centro e meno senti vibrare la terra della sismica romanità. Borgate dove s'ammucchiano i sfollati della guerra, l'emigrati dalla bassitalia e i romani che Mussolini ha cacciato fuori dalla capitale dell'impero.

Per esempio mio nonno era arrivato al Quadraro proprio perché l'avevano sfrattato da Trastevere. Il fascismo lo aveva mandato via dal centro di Roma insieme a tanta altra gente solo perché i poveracci sfiguravano in mezzo all'arredamento nuovo che lo stato aveva previsto per l'Urbe. Gli serviva di fare bella figura con tutti l'altri regnanti dell'Europa e del mondo e s'era comportato come tutti i padroni zozzoni che fanno mangiare la servitú in cucina e portano l'ospiti di riguardo nella camera buona.

La città di Roma stava diventando una bancarella di ninnoli per pellegrini o una passerella dorata dove far sfilare le parate del duce.

Una città dove i bianchi marmi di Carrara nascondevano la merda del fascismo.

Seconda parte

Uno

Era il pomeriggio del 4 giugno del 1944.

Erano passate due ore e mio padre stava ancora con la cipolla in mano sotto alla grata arruzzinita. Stava ancora a parlare con quel braccio secco secco per convincerlo che l'americani erano quasi arrivati. Gli disse che insieme al resto della società del maiale era sceso per via Taranto, aveva ripreso la via Tuscolana e s'era fermato sotto la pensilina della scuola Cagliero all'angolo di via delle Cave.

Da quella pensilina aveva visto i soldati fermi sotto l'arco di Primavera. La gente diceva che «quelli so' americani... finalmente so' arrivati l'americani!»

Ma qualcuno era sicuro che «no, vedrai che quelli so' sempre i tedeschi».

E qualcun altro diceva che forse «quelli so' tedeschi travestiti da americani!»

Ma Nino era sicuro che erano proprio americani, e pure il barbiere resuscitato diceva che «so' americani... so' americani... io l'ho già visti i soldati americani e posso testimoniare che so' fatti proprio cosí...»

Una piccola folla di gente s'era radunata sotto alla grata e tutti tifavano per Nino.

Tutti facevano *sí... sí...* con la testa e dicevano che «so' americani... so' arrivati l'americani...»

«Non so' americani, – disse quello col braccio secco infilato nella grata. – Non sarà oggi che liberano Roma... e non la libereranno l'americani...»

Disse che s'era chiuso dentro a quella casa mezza bombardata piú di un mese prima. Che stava chiuso là dentro aspettando la fine della guerra. Disse che s'era rifornito e c'aveva robba da mangiare almeno per un anno. E disse pure che le cipolle sono un ortaggio che si mantiene perché non è un frutto... perché è il seme della pianta, il bulbo che sta sotto terra, e lui s'era messo sotto terra come 'na cipolla... e di cipolle se n'era stipate diversi chili... e non ne voleva perdere manco una... e l'avrebbe difese col fucile...
E disse pure che «se dovete arrivare al Quadraro è pericoloso andarci di giorno. Al Quadraro ci stanno i tedeschi che ci fanno i rastrellamenti.
Vi conviene aspettare la notte. La notte è tranquillo».

Due

Durante la guerra la notte è la fine del mondo.

Senza tutta la caciara dell'esseri umani ci sta solo il silenzio e le finestre chiuse.

Ogni tanto qualche sfollato si affaccia da qualche baracca costruita a pezze e bandoni sotto l'archi dell'acquedotto e si guarda il Quadraro che rassomiglia a una giostra ferma. Tutte 'ste case se ne stanno tramortite in mezzo all'oscuramento come i cavallucci di legno nelle fiere quando alla fine della serata arriva il padrone e stacca la spina della corrente.

O forse pare proprio che so' tutti morti al Quadraro, ma non di quelle morti catastrofiche che lasciano ai sopravvissuti il lavoraccio di rimettere tutto a posto e seppellire le salme. Qui pare che l'anime di questi defunti si sono portate all'altro mondo pure il mucchietto d'ossa che gli avanza dalla vita. Che hanno fatto 'sto servizio da netturbini proprio per una certa educazione, per non lasciare sporco.

L'uomo col braccio secco infilato nella grata disse che «al Quadraro, poi, la notte dura pure di piú che nel resto dell'Urbe, qui il coprifuoco l'hanno anticipato alle quattro del pomeriggio per la colpa del Gobbo che ha sparato tre tedeschi il giorno di Pasquetta...»

Disse che «io ci conosco uno al Quadraro. Uno che abita a via dei Quintili, al terzo piano. Uno che si chiama Primo. Lo conoscete?»

Tutti restarono zitti. Solo mio padre fece *sí... sí...* con la testa per arruffianarselo nella speranza che gli lasciasse la cipolla.

Cosí quello dietro alla grata si mise a parlare e non lo azzittò piú nessuno...

Disse che Primo era stato chiamato a questa maniera da una madre speranzosa di avere tanti figli. Una che gli sarebbe piaciuto di arrivare almeno fino a un ipotetico Settimio. Invece era passata la guerra d'Africa a portargli via il marito e quello era rimasto Primo e Unico.

Mio padre diceva che questa storia dell'uomo dietro alla grata inizia in un giorno preciso. Inizia all'alba del 17 aprile del 1944.

In quell'alba Primo si era alzato per andarsi a cercare lavoro verso il centro di Roma, e doveva farsi a piedi la salita del Quadraro che è 'na maledizione. «A noi del Quadraro c'hanno messo in fondo a 'sta discesa per farci ricordare tutti i giorni che entrare dentro Roma è 'na fatica. Che per diventare cittadini dell'Urbe per noi è tutta 'na strada in salita» diceva alla madre nel mentre che si lavava la faccia. Intanto la madre si rimirava la fotografia del padre vestito da bersagliere e nel cervello suo si vedeva quel padre e quel figlio come due ritratti uguali. «Siete proprio uguali tu e tu' padre» diceva, ma per Primo non era vero manco per niente. «C'avete la stessa faccia... lo stesso naso» diceva. E glielo ripeteva tutte le mattine verso quell'ora quando lo vedeva nel piccolo cesso ricavato da una specie di balconcino. «Lo stesso naso, la stessa faccia...» ma a Primo gli pareva che quel padre morto poteva rassomigliare solo all'altri sei figli che non gli erano mai nati. Però alla solfa della madre doveva rispondere e per farla contenta gli rispondeva che «sí... c'abbiamo lo stesso naso io e papà... lo stesso naso» e quella incominciava la giornata un po' piú contenta. La patria gli aveva fatto morire ammazzato il marito, ma almeno il figlio glielo aveva risparmiato. Mo' sulla faccia di quel figlio ci stava appiccicato il naso del padre morto. Diceva lei che «questo è il naso de tu' padre. Tu' padre era un eroe di guerra e tu devi essere fiero del naso di un eroe!» e lui si portava in giro 'sto naso come una medaglia al valor militare attaccata in mezzo alla faccia.

In quell'alba Primo si faceva la barba e si affacciava alla finestra e non vedeva nient'altro che la salita del Quadraro. Avrebbe dovuto vedere pure i tedeschi che erano arrivati da un pezzo. I tedeschi che stavano al Quadraro già da un paio d'ore. Ma affacciato alla finestra gli pareva di vedere solo quella salita sulla quale avrebbe dovuto incominciare la giornata. Se una salita del genere gli fosse capitato di farla verso la metà della strada gli avrebbe fatto un altro effetto... ma proprio lí, all'inizio della camminata, era un calvario a farsela tutta a piedi. E manco poteva prendere il tram perché al Quadraro non c'arrivava piú manco quello. Era una settimana che l'abitanti quadraroli stavano in punizione... che i tedeschi gli avevano tolto i tram e anticipato il coprifuoco alle quattro del pomeriggio per quel fatto che era successo. La storia dei tedeschi morti era girata subito e pure a Primo gliel'avevano raccontato che il lunedí di Pasqua tre tedeschi ubriachi erano stati ammazzati dai partigiani del Gobbo del Quarticciolo. Dice che il fatto era successo all'osteria del Piccione e cosí, per ripicca, i tedeschi gli avevano levato i tram e un'ora d'aria al giorno. Per questo fatto dei soldati ammazzati parecchia gente c'aveva paura di qualche rappresaglia.

Mo' era passata 'na settimana precisa. Mo' Primo si guardava la salita mentre la madre si rimirava il ritratto di suo marito, ma nessuno dei due pensò ai tedeschi.

I tedeschi invece pensavano a loro, e alle cinque precise gli arrivarono dentro casa.

Primo non fece in tempo a vestirsi che se lo portarono via co' le ciavatte e i calzoni del pigiama. E manco la madre fece in tempo a spiegare. Un soldato gli mise in mano un foglio di carta, lui si infilò una giacchetta e scese con loro. Solo quando l'hanno infilato in un camion l'ha ritirato fuori per leggerselo. Ci stava scritto:

PORTARE CON SÉ DOCUMENTI PERSONALI E DICHIARAZIONE DELL'ATTUALE OCCUPAZIONE, SCODELLA (POSSIBILMENTE INFRANGIBILE) E POSATE, TENUTA DA LAVORO, SCARPE E BICCHIERI, ASCIUGAMANI, VIVERI. IL BAGAGLIO NON DEVE SUPERARE I 10 CHILOGRAMMI. PER FARE I BAGAGLI SONO CONCESSI NON PIÙ DI 10 MINUTI...

E invece lui non s'era portato manco una forchetta... manco una maglia di lana perché gli era parso che se cercava di recuperare qualcosa dentro a un cassetto gli sparavano pure!

Per strada era pieno di gente e tutti erano mezzi svestiti come lui, poi il camion è partito e s'è diretto al cinema Quadraro. Ce ne stavano due di cinema in borgata. Uno era quello lí e l'altro era il Folgore. Erano tutti e due di proprietà dei fratelli Cenci. Stavano a duecento metri uno dall'altro e spesso ci facevano lo stesso film a orari sfalsati. Mentre al Quadraro facevano il primo tempo al Folgore davano il secondo e nell'intervallo si scambiavano le pellicole.

Mo' era di mattina presto e lí dentro al cinema Quadraro ci stava 'na fila di donne dietro alle macchine da scrivere che prendevano le generalità come all'anagrafe. I vecchi e i ragazzini li mandavano via e trattenevano solo gli uomini tra i 16 e i 55 anni, cosí di tutti i rastrellati ne rimasero un migliaio.

Poi l'hanno caricati sul tranvetto e gli hanno fatto fare qualche centinaio di metri fino agli studi di Cinecittà. Primo c'era già entrato dentro agli studi del cinematografo. C'era andato a segnarsi per fare la comparsa nel film *Scipione l'Africano*. E l'avevano pure preso per girare 'na scena di battaglie sui pratoni dell'Appio Claudio. E mentre giravano 'ste scene di lotte s'erano accorti che nella tenuta del principe Torlonia ci stava un vecchio servo mezzo ritardato di cervello che s'era stipato 'na montagna di mele. Cosí nelle pause delle riprese s'erano andati a fregare la frutta. E mentre se la portavano via s'erano accorti che 'sto vecchio andava in mezzo ai maiali e li trattava come tanti ragazzini. Dice che ci parlava pure e la scena comica era che parlava in ciociaro. 'Sto servo parlava talmente tanto burino che manco i maiali che so' animali l'avrebbero mai capito!

Primo si ricordava 'sta scena delle comparse vestite da antichi romani che si mangiavano le mele e intanto si rimiravano di nascosto il burino che parlava in ciociaro coi porci...

Mo' era tornato dentro a 'sta città del cinema che era l'orgoglio del fascismo e si ritrovava in un teatrone con la paglia buttata per terra. Ci restò fino alla sera del giorno appresso, quando li caricarono sui camion per portarli a Grottarossa e poi si ripartí col treno. Andarono verso Terni.

Quella era la prima volta che montava su un treno.

Tre

Ma durante il viaggio quel treno si ferma in mezzo alla campagna.

I vagoni sono tutti rincartocciati di tavole inchiodate sulle finestre per non far scappare nessuno, ma tra le tavole la gente si affaccia a turno per vedere di fuori e vede che il treno sta fermo vicino a 'na buca, 'na specie di voragine. Il primo a accorgersi di quella robba è un ragazzetto vestito bene. «Ce sta 'na buca qua di fuori, – dice mentre guarda attraverso una spaccatura nella parete del vagone, – stamo fermi vicino a 'na buca» e si sposta per far vedere pure l'altri. È in questo preciso momento che a Primo gli pare di non averlo mai visto a questo qui. E infatti glielo chiede pure che «io non t'ho mai visto... tu non sei del Quadraro!» E quello si dà una mezza spolverata ai vestiti zozzi per presentarsi in condizioni piú decenti e gli dice che «no, non so' del Quadraro. Mi chiamo Giubileo e vengo dalla bassitalia. Il paese manco te lo sto a dire, ché tanto non lo conosci... e poi non era nemmeno il paese mio, ché io so' nato in altitalia... ma mio padre faceva il ferroviere e l'hanno spostato sett'otto volte... ho conosciuto quasi tutte le regioni, so' stato pure in Abissinia, però mio padre è di Roma e a Roma ci stanno tutti i parenti miei... stanno a Trastevere. Al Quadraro me ce so' trovato quasi per sbaglio. Ma ci pensi? È una vita che vedo passare treni per tutto l'impero d'Italia e mo' è proprio un treno che è diventato la dannazione mia! E tu come te chiami?»

«Io me chiamo Primo», gli dice quell'altro, ma lascia la frase mezza per aria e si mette a guardarlo come si guarda una strana razza di essere umano. Ma come?... il treno sta fermo vicino a una buca e tutti stanno zitti col presentimento che i tedeschi faranno una carneficina... che li lasceranno tutti là dentro come avevano fatto manco un mese prima alle Cave Ardeatine... e quel Giubileo gli si mette a sciorinare tutta la storia della vita sua? Infatti pure l'altra gente s'azzitta e si mette a guardare di fuori attraverso la spaccatura del vagone. Si mette a guardare quello scavo nella terra.

E fuori dal treno fermo ci sta pure una specie di primavera. Una bella stagione che pare che s'è fermata a mezza altezza con l'alberi carichi di frutti e la terra ancora tutta nera e senza manco un filo d'erba. E Giubileo continua a parlare e gli racconta che «so' alberi de prugne. Prugne, fichi, albicocche, cerase... questo è il periodo loro. E quelli so' proprio alberi de prugne».

E Primo gli chiede com'è che «per terra non ce cresce manco un filo d'erba?»

«Se vede che sei nato cittadino. Vedrai che c'avevano piantato piselli, fave o carciofi e mo' che l'hanno raccolti c'è rimasta solo la terra. Tu te pensavi che c'era passato Attila e invece è solo la zappa del contadino... Io se rinasco me vojo mette a fa' il contadino. E me piacerebbe di averci pure le pecore. E pure le vacche coi cavalli... e pure 'na scimmia!... no un uccelletto de quelli che la gente attaccano sul balcone, ma una scimmia vera! I scienziati dicono che l'uomo scende dalla scimmia. Per questo che l'uomo è un essere intelligente. Se scendeva dalla pecora o dalla papera era un povero imbecille, ma per fortuna che l'uomo scende dalla scimmia... E a me mi piacerebbe di prendermi 'sta scimmia e me la terrei vicina come un parente... come un parente un po' ritardato di cervello, magari... ma insomma come un parente, come una vicinanza di compagnia. E io so' sicuro che a una scimmia riuscirei pure a impararargli a parlare! Mica un discorso da scienziato, ma una qualche mezza frase... *buongiorno e buonasera*... tanto per farla entrare al bar per prendersi un caffè da sola senza che 'sta bestia si comporta male.

Io se rinasco mi metto a fare il contadino e mi compro pure la scimmia. La metto a fa' la pastora co' le pecore. Non la voglio mandare al circo a fare la pagliaccia co' la gente che paga il biglietto per ridergli appresso... io gli darei un lavoro civile. La porterei a lavorare su un bel pezzo di terra come questa che in primavera c'ha l'alberi carichi di prugne che si stanno a maturare...

E poi mi piacerebbe ammaestrare le mosche.

I scienziati dicono che la mosca è un animale perfetto. Respira, mangia, piscia, caca, scopa e dorme come l'esseri umani, ma lo sa fare meglio di noi. I scienziati dicono che si riproduce piú dei conigli... e dicono pure che se noi pisciamo davanti e cachiamo di dietro... le mosche fanno tutto insieme dallo stesso buco. E poi dicono che anche la respirazione della mosca è una macchina perfetta. Non c'hanno il naso co' 'sti buchi piccoli che si attappano sempre di moccolo e di caccole come noi. Le mosche so' piene di buchi su tutto il corpo come una scolapasta. E se gli si attappa un buco nemmanco se ne accorgono. L'aria gli circola da tutte le parti.

Ma in quanto a mangiare le mosche sono proprio un capolavoro della natura. E sai perché?

Perché le mosche mangiano merda!

Ecco perché le mosche camperanno in eterno.

Ci stanno certe persone che devono mangiare di magro sennò non digeriscono. Ci stanno quelli che prendono solo verdure, quelli che gli serve la carne al sangue. Ci stanno pure certe razze d'uccelli che al cambio di stagione devono volare per centinaia di chilometri per trovarsi da mangiare... che traversano i continenti per una bestiola o per un ciuffo d'erba. E invece le mosche mangiano merda... Ma non una merda speciale... basta che sia una merda qualsiasi! E la merda non c'ha stagione. Non serve un albero speciale che la produce. Basta trovare il buco del culo di un'altra bestia qualunque. La fabbrica della merda sta da tutte le parti e non si esaurisce mai. E poi la merda è gratis!

Per questo io penso che la mosca è l'animale piú perfetto del mondo. Un essere superiore, ed è per questo motivo che nel passare dei secoli è diventata una bestia tranquilla. Tanto è vero che ci stanno bestie piú piccole della mosca che attaccano persino l'esseri umani. Bestie traditore come la zanzara e la zecca che succhiano il sangue. Mentre alla mosca gli basta appoggiarsi sul suo mucchietto di merda per vivere in pace col mondo. Capisci? La mosca è un animale pacifico... Per questo che l'americani la odiano... e contro le mosche hanno inventato il didditti.

Ecco, – disse Giubileo. – Quando è finita la guerra io mi voglio comprare la terra e le bestie. Ci metto una scimmia pastora e davanti alla porta lascio sempre un mucchietto di merda per le mosche. Una specie di altarino per questa bestia tanto perfetta. E se ci riesco mi piacerebbe ammaestrarle e parlarci».

Primo si guardava 'sto panorama di terra scura co' l'alberi di prugne e se l'immaginava popolato di scimmie pastore e di mosche pacifiche e perfette. E gli venne da pensare che le mosche vanno pure sui morti. Pensò che la mosca mangia i morti e la merda, che si mangia tutto quello che avanza alla vita.

Ma per tutta la campagna non si vedevano né scimmie né contadini e forse non ci stavano manco le mosche. Il treno s'era fermato, i tedeschi erano scesi dai vagoni e per questo che la gente intorno era scappata tutta. Chi non poteva scappare erano i deportati che stavano chiusi nel treno, la gente come Primo e Giubileo, ma per il resto pure l'alberi stavano a tremare davanti a quei soldati carichi d'armi. E la terra pareva che s'era fatta nera di lutto. L'unica cosa ferma era la buca. La voragine che l'ospiti quadraroli di quel treno c'avevano davanti all'occhi. Tutti se la guardavano e lei stava ferma in mezzo a quel prato di terra scura dove l'alberi di prugne parevano appoggiati come birilli. Primo pensò che quel viaggio in treno mo' era arrivato alla fine. Pensò che era stato una specie di funerale e mo' erano entrati nel camposanto.

Ma i tedeschi invece si stavano a fumare 'na sigaretta. Forse pure a loro gli piaceva di guardarsi 'sto belvedere di prugne appese all'alberi. Poi rimontarono sulle vetture e il treno ripartí.

E nel treno che ripartiva tutti se ne restavano zitti. Non c'avevano manco la forza di sentirsi contenti. Mo' non erano piú impauriti per la fossa, ma per i pensieri che c'avevano avuto in testa. Mo' la possibilità di finire al creatore era 'na cosa concreta.

Solo Giubileo pareva contento... ma lui pareva sempre contento. Lui manco c'aveva pensato alla buca. Lui pensava alle scimmie ammaestrate. Pensava alle scimmie civili che prendono il caffè e dicono *buongiorno e buonasera*.

Pensava alle mosche perfette e pacifiche che mangiano merda.

Quattro

Il treno camminava piano in mezzo alla campagna.

Dopo parecchie ore arrivarono a Terni. Li misero tutti dentro a uno stabilimento che forse faceva la lavorazione della gomma. Ce li tennero dodici giorni dentro a quella fabbrica senza farli lavorare per niente. La fabbrica era vuota. Poi li caricarono sul treno che arrivò a Firenze. Li chiusero nel carcere delle Murate e ci restarono per un'altra decina di giorni. Da lí si cambiò per dirigersi al campo di concentramento di Fossoli, vicino Carpi. Dopo il taglio dei capelli gli dettero la matricola e il triangolo colorato da cucire sul petto. Il segno che indicava la categoria d'appartenenza, cioè il motivo della reclusione. Una fila di donnette si rimediavano la giornata facendo quest'opera di ricamo. La fila dei rastrellati era lunga e in coda ci stava uno di nome Sisto che faceva l'elettricista, era nato a Zagarolo e gli toccò il numero 947.

In Romagna ci rimasero un paio di mesi e nei giorni d'inizio giugno il maresciallo Titho, che comandava il campo di Fossoli insieme a Haage, dette la notizia che i nazifascisti avevano lasciato Roma. Dall'altoparlanti si diceva che l'americani avevano occupato la città e avevano fatto scempio di donne e bambini.

Era un'invenzione per mettere paura ai deportati, ma tutti si pensarono che era proprio un fatto vero... e correva voce che soprattutto i negri dell'esercito anglo-americano trattavano le femmine romane come un bottino di guerra. Il Quadraro s'era svuotato dei maschi appena deportati e stava in mano a queste orde di cannibali.

Primo si guardava intorno cercando di capire come la pensavano tutti l'altri... e l'altri la pensavano proprio come lui. Tutti nel cervello loro si chiedevano: ma se i nazifascisti so' assassini e l'anglo-americani so' carogne, chi ci salverà a noi... i marziani?

Il 20 giugno i deportati del Quadraro furono messi nel piazzale del campo, gli dettero le tute blu da lavoro e le scarpe da ginnastica. Quattro giorni dopo li misero nelle corriere e li spedirono in Germania. Vestiti tutti alla stessa maniera parevano proprio un esercito. Un esercito di sbandati... ma pur sempre un esercito. Erano un migliaio come i garibaldini e invece delle camicie rosse c'avevano la tuta blu. Ma sulle fiancate dell'automezzi c'era scritto OPERAI ITALIANI VOLONTARI PER LA GERMANIA. Quando li vedevano passare per le strade li scambiavano per lavoratori fascisti che si arruffianavano i tedeschi e cosí per tutta la strada trovarono gente che li riempiva di sassate, parolacce, fischi e monnezza. A Carpi li portarono alla stazione dei treni e li infilarono nei carri bestiame.

Il treno arrivò a Verona e da lí ripartí per Linz e poi verso Praga, dove all'alba passarono coi bicchieri a distribuire un brodino con un po' di granaglie. Pure a Praga li presero a parolacce, ma per fortuna che queste erano parolacce straniere e facevano meno rabbia. Il treno arrivò in Polonia a Racibórz che i tedeschi chiamavano Ratibor. Per le strade trovarono altra gente che gli urlava addosso, però mo' si beccarono pure gli sputi, perché a questi bisognava camminargli in mezzo... e i polacchi erano arrabbiati perché l'«operai volontari italiani» gli andavano a rubare il lavoro a loro... Poi la fila uscí dalla città e raggiunse il campo. Il giorno appresso arrivarono alcuni industriali tedeschi. I prigionieri furono messi in fila e se li svendettero come l'africani ai tempi della tratta degli schiavi. Primo, Giubileo e un'altra trentina se li comprò Otto Schickert che li portò a lavorare alla Siemens vicino Duderstadt. Ci stavano circa duemila operai che facevano cavi elettrici e venivano da tutta Europa. Un intruglio di razze che arrivavano dalla Grecia e dall'Olanda, dalla Russia e dalla Francia e tutti c'avevano l'*Ausweis*, il documento rilasciato dalla fabbrica, e sul documento che stava incastrato in una piastrina di ferro c'avevano messo pure la fotografia. Nel campo di prigionia c'erano quasi cinquecento baracche divise per nazionalità. Ogni baracca teneva otto stanze, in ogni stanza c'erano cinque letti a castello per farci dormire dieci persone. Ogni letto c'aveva una coperta e un sacco di paglia e per ogni dieci materassi c'era una stufa a carbone... ma stava quasi sempre spenta perché le scintille uscivano dal comignolo e l'americani l'avrebbero potuta vedere di notte per bombardarla. La fabbrica di Otto Schickert era ancora in costruzione e non ci stava la luce elettrica... era 'na fabbrica di cavi elettrici che non c'aveva l'elettricità... cosí è la vita! All'operai gli toccava lavorare con la luce del sole. D'inverno il lavoro per fortuna durava otto ore, ma d'estate, però... d'estate arrivava fino a undici.

In Polonia ci restarono poco meno di un anno.

Cinque

Io non racconterò di tutto quello che successe in Polonia. Dirò solo quello che raccontava mio padre. E mio padre raccontava di un giorno in particolare che Primo e Giubileo stavano in fabbrica e lavoravano uno vicino all'altro. A un bel momento Primo vide Giubileo che apriva un cassetto e ci buttava dentro un mucchietto di molliche.

Ma che storia era quella di buttare 'ste molliche dentro a 'sto cassetto? Primo glielo voleva chiedere a Giubileo e glielo chiese... E Giubileo gli disse che «io c'ho sempre avuto un animale. Fin da quando so' ragazzino. C'ho avuto un cane, un gatto, un pesce rosso e pure un pappagallo. Perché averci una bestia e volergli bene è una cosa che fa piacere all'anima. Ma però se adesso ci avrei un cane... per causa della fame va a finire che me lo mangiavo! Cosí ho pensato di allevare una mosca... una mosca che è una robba piccola, una bestia che mangia poco e niente e co' 'sta bestiola c'ho piacere all'anima come se ci avevo un cane».

«E fammela vedè, – gli fece Primo. – Fammelo gustare pure a me 'sto piacere dell'anima».

Ma Giubileo gli disse che non era il caso, «è 'na mosca timida. E me pare che sta pure un po' costipata. Mo' è meglio che mangia e si riposa».

Primo non insistette, ma gli era venuta la smania di vederla 'sta bestiola. Passò una mezza settimana e Giubileo marcò visita e quel giorno là se ne stette al ricovero. Primo arrivò al lavoro senza l'amico suo e per prima cosa se ne andò ad aprire il cassetto.

Aprí e ci trovò la mosca.

Era una bestia lunga quanto un dito, un mezz'etto di mosca tutta bianca e pelosa che pareva vecchia di trecent'anni co' l'ali sdrucite che a malapena gli riusciva di muoverle.
Primo guardò la mosca.
La mosca guardò Primo.
Poi Primo guardò la mosca e la mosca parlò.

Mio padre diceva che «la mosca parlò!»

Quando mio padre arrivava a questo punto della storia diceva che la mosca aveva parlato.
Mo' non è detto che tocca crederci per forza a questa storia della mosca parlante, ma se avevo creduto al barbiere morto e resuscitato potevo credere pure all'insetto che parla.

Sei

Insomma la mosca parlò.

Parlò e disse che «ci vuole la pazienza! Ci vuole tanta pazienza... Quando uno passa la vita a mangiare merda e cadaveri... solo con la pazienza riesce a tirare avanti.

Noi mosche una volta eravamo come tutti l'altri insetti. Succhiavamo il nettare dai fiori. Pure noi come tutti l'esseri che stanno a questo mondo eravamo figlie di Dio. Ma un giorno Gesucristo è morto in croce e la Madonna è venuta da noi, ci ha detto che "voi mosche siete brave cristiane e siete tutte figlie di madre come il figlio mio... e io vi voglio assai bene come se pure voi siete figlie mie. Ma il figlio mio vero che è Gesucristo me l'hanno preso le guardie. Il figlio mio vero me l'hanno straziato di botte. Il figlio mio vero me l'hanno portato sulla piazza insieme a un poveraccio ladro di polli e il governatore di questo infame paese gli ha detto alla gente: – Volete che faccio ammazzare Dio in persona oppure il ladro di polli? – e tutta la gente carogna di questo infame paese ha detto: – Ammazziamo Dio e liberiamo questo ladro di polli! – e questo governatore s'è messo a fare il pezzente e diceva che: – Mica ha fatto niente di male questo Gesucristo! Questo è Dio, questo è uno che fa i miracoli... – e la gente carogna gli ha detto al pezzente che: – Sia il suo sangue sopra di noi e sopra i nostri figli. Ammazziamolo e basta!

E quel pezzente di governatore invece di impietosirsi fino a strozzarsi di lacrime ha liberato il ladro di polli. E quel ladro di polli è uno schifato dai cani! È uno che nemmanco sua madre si ricorda piú come si chiama. E invece adesso se lo ricorderanno tutti fino alla fine dei secoli il nome suo.

Adesso lo sapranno tutti fino alla fine dei secoli che quel ladro si chiama Barabba.

Lo sapranno tutti fino alla fine dei secoli che un ladro di polli è tornato a rubare i polli, mentre il figlio mio vero che era Dio in persona è stato ammazzato.

Poi è arrivato un discepolo suo. Un discepolo del figlio mio vero. Uno che si chiama Giuseppe. Giuseppe se l'è messo nella tomba sua scavata di roccia. E io ero contenta che il corpo di figlio morto ci aveva una tomba vera scavata di roccia. Ma l'antichi romani buzzurri e ignoranti hanno chiuso la tomba. Mo' stanno davanti alla tomba e dicono che ci restano per tre giorni. E dicono che nessuno ci deve entrare nella tomba scavata. Dicono che non ci devo entrare nemmanco io che sono la madre del figlio mio. E io dico che questi burini si sono presi la tomba con tutto il corpo di figlio morto e non me lo vogliono piú ritornare indietro.

Voi siete le mosche e mi potete capire che io non ci tengo ad avere questo corpo di figlio morto dentro casa.

Ma voi che siete le mosche lo potete capire che però non voglio nemmanco che il corpo morto del figlio mio se lo tengono questi antichi romani.

Voi che siete le mosche e che il figlio mio vi voleva tanto bene... fatemi il piacere che fate sparire questo corpo di figlio morto e io vi darò tutto quello che mi chiederete".

E noi una cosa gliel'abbiamo chiesta, – disse il moscone bianco a Primo. – Noi non volevamo piú morire di fame. Gli dicemmo alla Madonna che "non ci riesce di campare col nettare dei fiori. Fioriscono in primavera ma d'estate si seccano. Rifioriscono in autunno ma d'inverno si gelano, e noi non vogliamo piú morirci di fame a ogni cambio di stagione. Vogliamo nutrirci di un cibo che si trova tutto l'anno, d'estate e d'inverno, di giorno e di notte, col freddo e col caldo..."

La Madonna ci disse che "non c'è problema... io so' la Madonna e vi do quello che volete. Basta che fate scomparire il corpo morto del figlio mio perché non sopporto che se lo tengono quei barbari ignoranti cafoni e burini dell'antichi romani!"

E noi mosche entrammo nel sepolcro di Cristo e facemmo sparire quel corpo di morto.

Il giorno appresso l'antichi romani entrarono nel sepolcro... nella tomba scavata di roccia che avevano chiuso e che c'hanno fatto la guardia per non farci entrare nessuno... la tomba che aveva scavato di roccia il discepolo di quel santo figlio, il discepolo Giuseppe... ma dove avevano messo Cristo ci trovarono solo uno straccio, lo straccio pulito che ricopriva il corpo di figlio morto. E in mezzo a quei burini dell'antichi romani che si affannavano a cercarlo si sentirono urli e strilli, ma Gesucristo non si trovava. Cosí la Madonna tornò da noi e ci disse che eravamo state brave. "È proprio vero che siete l'animale preferito da Dio. È proprio vero che le bestie piccole so' le piú oneste. Voi mosche pare quasi che l'avete scelto voi di essere tanto piccole... quasi per godervi l'aria che respirate, ma senza consumarne troppa per non rubarla all'altri... e siete tanto piccole da non occupare manco lo spazio all'orizzonte per non sgualcire la perfetta bellezza del creato.

Ma adesso, – disse la Madonna, – prima che lo mettiamo sotto terra... mostratemi il corpo morto del figlio mio vero. Fatemelo vedere per un'ultima volta".

Ma noi mosche glielo dicemmo che avevamo capito che il corpo di Cristo doveva sparire...

... ma non che poi, dopo, toccava pure che ricomparisse.

Alla Madonna gli dicemmo che "Gesucristo ce lo siamo mangiato!"

La Madonna si mise a piangere. Piangeva per il figlio e ci guardava co' l'occhi arrabbiati e pieni di sangue. Avrebbe invocato la mano di Dio per schiacciarci a tutte su un muro. Per farci scomparire come scomparve ogni carne in cui era alito di vita il giorno del diluvio universale. Avrebbe voluto far scomparire questa povera carne di mosca. Ma poi ci prese e ci portò in mezzo a un campo. Un prato che era pieno di bestie, e le scacciò co' uno strillo che tremava l'aria. Le bestie scapparono e lasciarono nel prato tutta la loro merda. Merda di pecora e di leone, di cane e di scimmia, di gatto e di vacca. E disse che da quel giorno avremmo mangiato merda "che a mangiare merda non si muore di fame. La merda si trova sempre, d'inverno e d'estate, ché la merda non ha stagione. Io l'ho mantenuta la parola mia... – disse la Madonna. – Io ho partorito Cristo con dolore... e voi ve lo siete mangiato per pranzo. Adesso io vi condanno a mangiare merda. Merda e cadaveri fino alla fine dei secoli".

Ci vuole pazienza! – disse il moscone bianco a Primo che lo stava a sentire. – Ci vuole tanta pazienza... Quando uno passa la vita a mangiare merda e cadaveri... solo con la pazienza riesce a tirare avanti.

Noi mosche siamo abituate a guardare la gente che passa. La guardiamo in faccia... e dalla faccia ci riesce di capire se quella persona camperà a lungo o morirà presto. Se è uno che gli resta ancora parecchio da vivere lo lasciamo andare, ma se c'ha la faccia di uno che sta per morire gli andiamo appresso, aspettiamo con tanta pazienza, e appena muore... gli stiamo subito addosso. Ce lo mangiamo caldo».

Questo disse la mosca.

Primo gli chiese di guardare la faccia sua. «Guardami a me e dimmi se camperò a lungo o morirò presto».

E quella gli rispose che «tu camperai parecchio. Non sarai tu quello che muore presto.

È Giubileo che non arriverà a domani sera... che già domani notte sarà morto».

Sette

A Duderstadt lavorano fino al tramonto.

Poi col tramonto ritornano tutti in fila verso il campo. Il lavaggio del corpo non tocca a tutti nello stesso momento. Ci stanno quelli che si lavano la mattina appena alzati e quelli che si lavano la sera prima di tornare a dormire. E quella sera gli tocca a Primo di lavarsi. Nel senso che ci sta un tubo coi buchi, il soldato tedesco apre l'acqua e bisogna sbrigarsi a sciacquare la superficie maggiore possibile del corpo. Ma l'acqua è sufficiente solo per una piccola parte di quelli che si mettono in fila e quasi a nessuno gli riesce di darsi una bella lavata.

In mezzo a loro ci sta pure uno che conta quante volte è riuscito a lavarsi la faccia... e quante volte i piedi... e la testa... il culo... insomma si sta facendo un calcolo preciso.

È un impiegato di qualche ministero e tutti lo prendono per matto, ma lui tiene il conto per non tralasciare qualche porzione importante del proprio corpo, dice che «per istinto io mi starei sempre a lavare le mani, mentre che i piedi li lascerei sempre sporchi. E invece in questa maniera mi ricordo di non trascurare niente».

Dice che da maggio s'è lavato quattro volte la faccia e le mani. Una volta l'hanno pulito coll'idrante e due volte la testa, il culo e i piedi. «Sennò quando ci rimandano a casa non riusciamo piú a vivere come cristiani civili...» dice mentre che si sciacqua sotto alla pisciarella d'acqua fredda che esce dal tubo. E mentre ci sta qualcun altro che si sbriga a buttarsi sotto l'acqua per lavarsi il piú possibile... lui si sciacquetta come una diva del cinematografo e non importa se riesce a lavarsi solo 'na mano... perché lui tiene il conto, e significa che quell'altra se la laverà domani.

Poi dopo il lavaggio se ne vanno tutti nella baracca.

Il campo di Racibórz ha delle regole precise. L'ho già detto che ogni stanza ha dieci letti e dieci prigionieri che ci vanno a dormire. Ma non ho detto ancora che ogni stanza delega un prigioniero a raccogliere le razioni della sera. Il delegato nella stanza di Primo e Giubileo... è Primo.

E anche quel giorno lí che ha parlato con la mosca se ne va allo spaccio a prendere le razioni. Allo spaccio ci stanno le uniche donne del campo, due polacche. Primo prende le razioni e torna alla baracca. Tutti mangiano e poi restano in piedi vicino alla branda in attesa del contrappello tedesco. Dopo mangiato passa la guardia, li conta e se ne possono andare a dormire. La notte fa freddo e pure i tarli che grattano nelle assi se ne stanno zitti. Zitti a godersi una parvenza di caldo in fondo al loro buco di legno.

Tutti stanno zitti.

Zitti.

Perché il silenzio è l'unico lusso che si può permettere un carcerato.

Otto

Ma quella sera Primo non può prendersi manco il lusso di restarsene zitto.

Si avvicina a Giubileo e gli si mette a parlare. Gli dice che ha aperto il cassetto e «ho visto la mosca, il moscone co' l'ali sdrucite che c'hai nel cassetto. E m'ha detto che le mosche c'hanno il talento di indovinare la morte dell'esseri umani. Le mosche lo sanno quand'è che un cristiano sta per morire e si avvicinano subito per mangiarsi l'avanzo del morto. E il moscone dentro al cassetto ha detto che io vivrò a lungo ma tu non arriverai a domani sera... che già domani notte sarai morto».

E gli dice pure che forse quella mosca gli era entrata nel cassetto solo in attesa della sua morte. Che non si sarebbe accontentata delle briciole, ma aspettava di mangiarsi tutto Giubileo sano sano. Gli dice che «per le mosche la vita è un intralcio... che un povero cristiano finché campa è solo un pasto che salta, mentre la morte è il loro pane quotidiano, e i cadaveri sono una valida alternativa alla merda».

Gli dice che per le mosche la vita è una cosa ridicola. È soltanto un'inutile attesa prima del pranzo.

Ma a questo punto Giubileo si mette a raccontare della metà della goccia. E questa della goccia è una storia che mio padre raccontava sempre. E io non lo so se è una leggenda romana, una cosa antica o una storia che s'era inventato mio padre. Pure a Giubileo gliel'avevano raccontata 'sta storia e per questo sta tanto tranquillo. Cosí si mette a parlare come parlano quelli che non si capacitano del destino loro. O forse si capacitano ma non c'hanno voglia di farci i conti. Non subito. Non prima che il destino gli si rovescia contro.

A Primo che lo sta a sentire glielo dice che «forse è pure vera 'sta cosa... ma forse non sarò io a morire, forse sarà l'altra metà della goccia... ché tutti al mondo ci abbiamo qualcuno che ci rassomiglia. Qualcuno che addirittura è uguale a noi spiccicato. E non basterebbe dire che ci rassomigliamo come due gocce d'acqua, ma proprio come due metà di una stessa goccia. E m'hanno detto pure che sarebbe una disgrazia a incontrare l'altra metà della goccia. Ché se la metà della goccia che ti rassomiglia è un criminale assassino... prega di non passare mai dove è passato lui, perché ti scambierebbero per quell'assassino e ti ammazzerebbero. Ma se la metà della goccia che ti rassomiglia è un santo, uno che fa i miracoli... anche con quello prega di non passare mai dove è passato lui, perché ti chiederebbero di fare i miracoli... e tu non se' buono di farli... e ti scambierebbero per un santo miracoloso che non c'ha voglia di fare il dovere suo e ti ammazzerebbero pure a te.

È vero che entro domani sera morirà qualcuno con la mia faccia, ma non è detto che capiterà a me... forse morirà l'altra metà della goccia...»

Traccia fantasma

Non c'entrerebbe niente o forse è una cosa di troppo, però mi piace di mettercela tutta la storia che ascoltavo da ragazzino. La storia sulle metà della goccia che è anche una storia sulla chiesa di San Grisogono a Trastevere.

La storia dice che dentro all'Oratorio di faccia alla chiesa ci sta una statua della Madonna del Carmine. Dice che il busto della Madonna è arrivato per mare. Dice che s'è tenuto a galla fino a quando i pescatori l'hanno preso e portato a Roma dentro all'oratorio di San Grisogono. E dice che ai tempi che i barbari arrivarono a Roma ci stava uno della famiglia Majocchetti che c'aveva una figlia bella e abitava proprio da quelle parti, a Trastevere.

Ma a quel tempo comandavano i barbari, e anche se Majocchetti era un uomo potente il principe dei barbari era piú potente di lui. E quel principe aveva visto 'sta figlia e se la voleva portare via. Disse a Majocchetti «Dammela subito e te la pagherò bene!» però Majocchetti vedeva che questi erano violenti e sanguinari. Pensava che l'avrebbero messa a servire e forse, visto che erano pure mezzi cannibali... forse se la sarebbero mangiata! Cosí si prende la figlia e vanno a nascondersi nella chiesa di San Grisogono a Trastevere dove ci sta un prete che li conosce. Ma insieme alla figlia si porta via da casa una bella collana del suo corredo nuziale e per non farsela rubare l'appende al collo della Madonna, ché alla Madonna nessuno c'avrebbe avuto coscienza di scippargliela. Poi suonano le campane della messa... ma insieme ai cristiani nella chiesa entrano pure i barbari che s'erano messi a cercarli per tutta Roma. La figlia de Majocchetti è piccoletta e si nasconde sotto alla vesta del prete, ma il padre lo arrestano subito. Lo portano davanti al principe dei barbari e quello gli dice «Adesso che t'ho trovato devi darmi la figlia tua. Ti concedo ancora tre giorni per andarla a prendere. Tirala fuori da dove l'hai nascosta e ti prometto che non gli farò niente di male. Ma se non me la consegnerai, io verrò a cercarti e ammazzerò sia te che la figlia tua». Ma come si fa a credere a un barbaro? E poi che cosa ci avrebbe fatto con questa figlia? Quel Majocchetti se ne torna in chiesa e racconta tutto alla figlia, dice cosí e cosí... tutto quello che gli era successo e gli chiede «Che possiamo fare?» Ma quella, che era 'na ragazza che aveva studiato, gli risponde che «di ogni cristiano che ci sta al mondo ce n'è una copia... uno che gli rassomiglia come mezza goccia rassomiglia all'altra metà. E tu devi cercare la cristiana che rassomiglia a me».

«E dove la vado a cercare?»

«Vattene alle porte della città di Roma... ché alle porte ci stanno i cristiani che escono e i cristiani che entrano... e in mezzo a tanti cristiani è facile che troverai la mezza goccia che mi rassomiglia».

Cosí Majocchetti corre verso Porta San Paolo e poi va a piazza del Popolo. Si ferma a Porta Pia e da lí passa a San Lorenzo. Scende per Porta Maggiore e Porta Metronia e a San Giovanni vede passare un servo. Quel servo si porta dietro la figlia... e Majocchetti vede che quella ragazza è uguale alla figlia sua. È l'altra metà della goccia. Ma come può scambiarla con la sua e portarla al principe? Cosí se ne torna a San Grisogono piú afflitto di prima e dice cosí e cosí... e racconta tutto alla figlia. E quella, che aveva studiato e conosceva l'animo degli uomini, gli fa capire che «questo servo è sicuramente un poveraccio... Portalo a San Grisogono e fagli vedere la collana del corredo mio che abbiamo attaccata al collo della Madonna. Prometti al servo che sarà sua e vedrai che quello ti darà pure la figlia in cambio di tutto quell'oro».

E difatti Majocchetti fa cosí... e il servo corre subito a dargli la figlia, ché tanto oro in vita sua non l'aveva mai visto. Quel servo la figlia gliela dà solo per una sera, ma a Majocchetti gli va bene... ché per il resto c'avrebbe pensato il principe dei barbari a prendersela.

Con quella figlia Majocchetti se ne va alla cena del principe. Arrivati al palazzo si mette seduto a tavola e pensa «chissà che cosa farà questo principe... metterà questa ragazza a fare la serva... o, peggio ancora, la farà ammazzare...»

Ma il principe si comporta da padrone di casa. È ospitale con tutti. Mangiano, e alla fine del pasto fa il brindisi. Alza il bicchiere, annuncia che si fa cristiano e la mattina appresso sposerà quella giovane donna. Dice che le avrebbe dato un palazzo e l'avrebbe fatta vivere come una regina insieme al padre suo. Ma appena Majocchetti sente 'ste parole salta in piedi e dice che «questa non è la figlia mia... questa è una serva...» e dice cosí e cosí... e racconta tutto il fatto...

Dice che la vera figlia sua sta nascosta sotto all'altare di San Grisogono e insiste che deve sposare lei e non questa che è figlia di un servo. Ma intanto si fa avanti anche il servo e dice che «no! Adesso è mia figlia che si deve sposare... a lei tocca andare a vivere da regina! » Ma il principe scaccia tutti quanti e manda l'esercito a prendere la vera figlia di Majocchetti. Resta da solo con le due figlie e i due padri e « Tu, – gli dice a Majocchetti, – hai cercato di prendermi in giro vendendomi una figlia di servo come se fosse la tua. E te, – gli fa al servo, – hai venduto tua figlia per un mucchietto d'oro. Io adesso le sposerò tutte e due perché sono vecchio e non voglio rischiare di morire senza figli, ma ve le rimanderò indietro solo quando mi avranno partorito un erede».

Alza il calice e « Brindo alle mie due mogli e alla loro salute... Voi brinderete con loro quando ve le avrò rimandate, e pregate che siano fertili perché ve le rimanderò solo quando avranno partorito entrambe».

E cosí il principe se ne parte con tutte e due le mogli. Parte e rimane lontano per tre anni. Passato quel tempo i due padri vengono chiamati per una cena col principe e tutti e due sono assai contenti di andarci perché capiscono che sarà la cena nella quale potranno brindare con le loro figlie. Arrivano alla cena e si mangia per tutta la sera, ma le figlie non ci sono. Alla fine della cena il principe alza il suo calice per fare il brindisi e « Brindiamo ai figli che mi sono nati e che daranno lustro alla mia discendenza e brindiamo anche alle madri che li hanno partoriti e che finalmente hanno fatto ritorno dai loro padri! »

Tutti brindano, però Majocchetti e il servo gli dicono che « noi brindiamo pure... ma le figlie nostre ancora non le abbiamo viste... »

Il principe gli risponde che « ce le avete davanti agli occhi. Non riconoscete la bella testa delle vostre figlie? V'ho promesso che avreste brindato con loro dopo che mi partorivano gli eredi... adesso hanno partorito e io ve l'ho riportate. Con la loro testa ho fatto due splendide coppe. Ed è con la loro testa che state brindando!»

I due padri tremano dall'orrore. Majocchetti chiede almeno di sapere «quale di queste due coppe è la testa di mia figlia? Devo saperlo per poterla seppellire...»

E il barbaro gli dice che «lo sai meglio di me che le vostre due figlie si rassomigliano come due metà della stessa goccia. Tu stesso hai cercato di vendermi l'una al posto dell'altra e mi hai detto la verità solo perché ti conveniva... adesso io non trovo nessuna convenienza a dirti quale delle due coppe è la testa di tua figlia. E poi... la vita aveva scherzato rendendole uguali... tanto piú adesso si rassomigliano nella morte che invece non scherza per niente. Di ogni cristiano che ci sta al mondo ce n'è una copia... uno che gli rassomiglia come mezza goccia rassomiglia all'altra metà. Ma è straziante quando si incontrano i destini delle due mezze gocce. Sapere che c'è un uomo che mi rassomiglia, uno che vive in un'altra terra e porta la mia stessa faccia... e parla con la mia stessa voce... mi fa tremare le ossa. Cosí io stesso ho lasciato la mia terra e sono sceso dal nord alla ricerca di quest'altra metà, e quando mi riuscirà di trovarla è certo che la farò morire... perché è dannato l'uomo che deve spartire i propri passi sul mondo con un altro che non conosce, ma che tutti riconoscono come se fosse lui.

L'uomo si vede perfetto perché crede che lo stampo nel quale è stato fuso è uno stampo che è andato perso. Si crede perfetto perché si pensa unico al mondo. Unico come Dio. E quando incontra un altro cristiano identico a lui si sente crollare. E poi se c'è qualcuno che mi rassomiglia potrebbero essercene altri cento... e come riconoscerò la mia faccia in questa casbah di specchi?

Anch'io ho la mia disgrazia. Le vostre figlie hanno partorito due figli uguali... che ne farò di queste due metà della goccia?»

Ma poi che fine hanno fatto i figli del principe?... questo mi chiedevo io alla fine della storia tutte le volte che me la raccontavano. E ogni volta il finale era diverso.

Alle volte dicevano che il principe ha diviso il regno a metà. Dicevano che a questi due figli gli ha lasciato mezzo regno per uno con l'obbligo di non uscire mai dai confini per non incontrarsi.

Certe volte invece mi raccontavano che il principe cadde in disgrazia. I suoi due figli diventarono soldati mercenari e passarono il resto della vita a rincorrersi per ammazzarsi.

Certe altre volte però... dicevano che lo stesso principe uccise uno dei suoi due figli e con la testa fece scolpire una coppa.

E quella è la coppa nella quale ha versato le lacrime della sua disgrazia...

Fine traccia fantasma

Giubileo parlava e rideva tutto contento. Pareva sicuro di non essere quella metà della goccia che la sera appresso sarebbe diventato cibo per mosche. Era di quella razza di persone che a forza di vivere paciosi... a forza di farsi i cazzi propri dovrebbero campare cent'anni.

Ma Primo se lo guardava e non riusciva a capacitarsi che al mondo poteva esistere un'altra metà della goccia uguale a Giubileo... ché Giubileo era cosí giovane che non pareva nemmanco che c'avesse l'età per andare a lavorare. Un ragazzetto che era diventato adulto per decreto del duce. Uno di quelli che l'avevano mandati a sgobbare ma a malapena s'erano imparati a fare il nodo ai lacci delle scarpe. E poi c'aveva una chiazza rossa in mezzo alla faccia. Una cosa ridicola da farsi ridere addosso. Una voglia che sarebbe stata uno sfregio pure sopra a una chiappa, ma figuriamoci ad avercela piazzata su quella parte del corpo proprio tra il naso e la bocca.

Non sembrava un cristiano normale, uno nato su questo pianeta. Pareva uno arrivato da un altro mondo. Ma visto che stava sempre a ridere e visto pure che c'aveva un'età che a malapena aveva fatto la comunione... a Primo gli sembrò una strana specie di incrocio.

Pareva un ragazzino marziano.

Nove

Durante la guerra la notte era la fine del mondo.

E pure dentro a quel campo di Racibórz, dentro alle baracche coi letti ammucchiati e le stufe spente, i rastrellati del Quadraro si potevano trovare un buco dove andarsi a infilare come dentro a un ventre di madre. Quando arrivava il tramonto staccavano il turno alla fabbrica di Otto Schickert, tornavano al campo, qualcuno prendeva la razione allo spaccio dalle ragazze polacche e tutti si infilavano nelle baracche a mangiare. Tutto intorno era buio e non si vedevano luci accese da nessuna parte. Pareva che in fondo a quel buio finiva tutto, e invece era proprio lí dentro che l'umanità ricominciava il suo glorioso cammino... ma è certo che si trattava proprio di un'umanità striminzita, visto che di tutto il creato erano rimaste solo due razze: l'esseri umani e l'insetti. Tutte l'altre bestie erano scomparse, come se il giudizio universale fosse già passato da un pezzo lasciando fuori dal catalogo delle creature soltanto queste due categorie. Gli umani e le mosche incominciavano a condividere lo stesso credo ideologico che li vedeva proprietari solo del buco in cui si andavano a nascondere e della poca robba che gli riusciva di infilarci dentro. Tutto il resto era perso, e c'erano dei momenti che non eri padrone manco di quello che avevi in bocca perché te la potevano aprire per farti sputare il boccone o cavarti un dente. In quanto al sesso era una qualità che riguardava solo la scritta sulla porta delle baracche, e anche la fede era una superstizione alla quale attaccarsi come a una scaramanzia che t'hanno imparato da piccolo.

Mo' il buio si stava macchiando con le patacche di luce del primo mattino. Mo' toccava alzarsi e tornare in mezzo ai cavi elettrici nello stabilimento Siemens di Duderstadt. Mo' i duemila operai greci e polacchi, italiani e francesi, russi e olandesi mostravano l'*Ausweis*, passavano per il cancello e attaccavano a lavorare.

Quella notte pareva che ricominciava a fare caldo, e in giro si vedevano piú pidocchi di prima.

Alla Siemens si facevano cavi elettrici, ma non c'era l'elettricità. Si lavorava col sole, e adesso incominciava la bella stagione e di sole incominciava a starcene tanto. Poi alla fine della giornata le guardie incolonnarono l'operai e li riportarono al campo di Racibórz.

Il campo di Racibórz c'ha le regole sue. Ogni stanza ha dieci letti, dieci prigionieri che ci vanno a dormire e uno di loro che raccoglie le razioni per tutti. Cosí pure quella sera Primo s'era preparato per andare a prendere le dieci razioni di cibo dalle due polacche dello spaccio e fu per caso che si girò verso Giubileo che s'era steso sulla branda. Se lo guardò come i ragazzini si guardano il padre quando torna a casa la sera. Il padre che si stende sulla poltrona per riposarsi dalla giornata di lavoro. A quella stessa maniera Giubileo aveva chiuso l'occhi e aperto la bocca per respirarsi un po' di quell'aria che stava nella baracca. Un'aria un po' piú calda di quella che s'era respirato per tutto il giorno in fabbrica, e pure se si trattava sempre di un'arietta fredda che puncicava la pelle... forse gli parve una specie di aria di casa. Forse l'aveva fatto sentire come uno che torna in famiglia. Come suo padre ferroviere che tornava a casa e si stendeva sulla poltrona per riposarsi della giornata di lavoro. Giubileo aprí la bocca e Primo gli guardò in mezzo ai denti neri di zella dove c'aveva un filo di fumo, di aria calda che diventava vapore quando gli usciva dalle fauci e si impastava nel freddo. Gli guardò la bocca fino a che il fumo scomparí del tutto... come il fumo della sigaretta dimenticata nel portacenere... una sigaretta che brucia per un po' e poi si spegne da sola.

Era l'ultima boccata d'aria di Giubileo. Il moscone c'aveva visto giusto.

Ma Primo doveva fare il dovere suo e uscí dalla baracca per andare allo spaccio. Fece quello che aveva fatto tutte l'altre sere e andò a prendere le dieci razioni che spettavano ai prigionieri della sua stanza. Tornò indietro, le distribuí, prese la propria e mise quella di Giubileo sulla branda accanto al morto. Poi tutti mangiarono senza dire niente e alla fine del pasto aspettarono l'arrivo della guardia tedesca per il contrappello. Aspettarono sull'attenti accanto alle brande, e se la guardia si fosse accorta del morto si sarebbe portata via il cadavere con tutta la razione. Ma se gli sfuggiva, quella decima porzione del morto se la sarebbero divisa tra i vivi. Cosí aspettarono... ma la guardia non passò.

Aspettarono un paio d'ore fino a che non c'avevano piú un motivo per stare a aspettare.

Cosí dopo un bel pezzo di serata che stavano sull'attenti decisero che la razione doveva essere riconsegnata. Decisero che le guardie forse avevano intuito che Giubileo era morto. Come avevano fatto a capirlo? Boh, non lo sapevano, ma è sicuro che i tedeschi passavano tutte le sere per il contrappello e se quella sera non s'erano ancora visti... è sicuro che stavano orchestrando qualcosa. Cosí Primo uscí dalla baracca e tornò dalle polacche dello spaccio a riportargli la razione del morto. Ma le polacche se lo portarono dentro allo spaccio e lo fecero affacciare alla finestra sul retro. Gli fecero vedere che i tedeschi stavano facendo i bagagli e se ne stavano partendo. Gli fecero capire che la guardia non sarebbe piú passata a fare il contrappello nella baracca e gli fecero capire pure che se ne doveva stare zitto sennò se lo portavano via i tedeschi. E prima dei tedeschi se lo presero loro, le polacche. Se lo portarono a un tavolino dove gli offrirono una specie di grappa... gli fecero capire che mo' era quasi finita la guerra... gli fecero capire che mo' gli rimaneva solo di festeggiare... e Primo capí e bevve quella specie di grappa. Capí e gli bruciò lo stomaco vuoto per l'alcol che ci stava scavando dentro come una ruspa. Capí e guardò le due polacche per la prima volta da mesi... gli sembrò di capire che erano donne. E riscoperta questa differenza primordiale incominciò a squadrarsele come uno scemo. Come Adamo deve aver guardato Eva il primo giorno che Dio gliel'aveva staccata dalla costola... con un misto di dolore per la menomazione appena subita e di gioia per la buona riuscita dell'operazione.

Intanto le due polacche, a tutela della loro onorabilità, gli fecero vedere il ritratto dei mariti. Una era sposata con un polacco moro e con la carnagione talmente scura che pareva calabrese. E l'altra tirò fuori la fotografia di un soldato tedesco. Un soldato con la divisa che pareva un ragazzino. Cosí piccolo che non pareva nemmanco che c'avesse l'età per fare il militare. Un ragazzetto giovane giovane che era diventato adulto per decreto del führer. Uno di quelli che l'avevano mandati in guerra ma a malapena s'erano imparati a fare il nodo ai lacci delle scarpe... Un biondino con una chiazza rossa in faccia... proprio tra il naso e la bocca. Primo saltò in piedi e disse che «questo è Giubileo!» La polacca non capiva ma Primo s'aiutava con le mani a dire che «sí, sí... se chiama Giubileo, è figlio di un ferroviere che ha girato mezzo impero d'Italia e poi è andato a vivere a Trastevere! Io l'ho conosciuto, l'hanno deportato insieme a me... insieme a me e a un migliaio di poveracci...» e stava per chiamare Giubileo a testimoniare tutta la verità di quello che diceva, ma Giubileo era morto e poi i tedeschi ancora non se n'erano andati e le polacche gli fecero segno di azzittarsi. Lui si azzittò e continuò a bere... e pure loro bevevano... e tutti e tre erano contenti... e forse sarà per questa contentezza che in silenzio, senza far uscire manco un lamento dalle pareti della baracca, finirono tutti e tre a letto. Le polacche, che reggevano l'alcol meglio di Primo, lo spogliarono come un ragazzino e ci fecero insieme tutto quello che s'erano imparate in quei pochi mesi di matrimonio. Poi si divertirono a fare pure tutto quello che non avrebbero avuto il coraggio di fare manco coi mariti loro e che Primo nemmanco si immaginava possibile. Lui c'aveva addosso un torpore agitato e mistico che se lo incartava come una mummia e la mattina appresso s'era scordato quasi tutto. E se invece di tutta quella specie di grappa avesse bevuto acqua fresca... mo' avrebbe potuto scrivere un libro. Avrebbe potuto raccontare quella notte per tutto il resto della vita sua. E già se lo immaginava al bar da Carra o da Garfagna con tutti i quadraroli borgatari a ciancicarsi la lingua dall'invidia e lui che si metteva la sambuca nel caffè e raccontava le cento posizioni del kamasutra polacco... e invece gli tornavano alla mente solo frammenti di quella notte lussuriosa. Si ricordava appena di sporadici particolari... pezzi di mani, un livido su una chiappa, qualche mezza metrata di pelle bianca che si apre in pochi centimetri di cavità rosa o in un mucchietto di peli quasi trasparenti che potevano essere pure quelli del naso o dell'ascelle.

Ma una cosa se la ricordava per bene, ed era la puzza. Tutti e tre puzzavano come tre scrofe. Era bastato strusciarsi un po' addosso che la pelle s'era scaldata e aveva tirato fuori tutto il lercio. Come se pure la zella si fosse congelata e avesse aspettato solo un po' di calore per rimettersi a circolare nell'aria. E tutte quelle contorsioni che stavano facendo potevano pure sembrare una maniera per attapparsi il naso l'uno con l'altro. Perché non era una puzza normale, una cosa umana. Era una puzza che si prendeva su di sé tutta la monnezza del creato. C'avevano addosso tutta la puzza dell'umanità, una puzza originaria e antica quanto il peccato.

E se Gesucristo fosse tornato a redimere i cristiani dopo lo sconquasso della guerra... insieme all'acqua santa si sarebbe portato pure il sapone benedetto per battezzarli.

Dieci

La mattina appresso si svegliò che le due sorelle s'erano già alzate.

Uscí dalla baracca dello spaccio perché incominciava ad esserci un gran movimento di persone. Incominciava a sciogliersi la neve e forse stava pure per iniziare la primavera. Quando vide arrivare i carri armati con tutta la gente che li festeggiava gli corse incontro come facevano tutti. E visto che a Roma in gennaio erano sbarcati l'americani... e al Quadraro fino al giorno della deportazione tutti stavano ad aspettare proprio l'americani... appena vide i cingolati coi militari sopra si mise a strillare «Viva l'americani, viva l'americani!» ma quelli c'avevano la falce e martello sulle bandiere rosse e l'America non l'avevano mai vista manco in cartolina.

«Ma non so' arrivati l'americani?» disse.

E tutti lo guardavano come un matto e cercavano di fargli capire che quelli erano russi. E mo' voleva sapere «Allora l'americani 'ndo stanno?» Ma quelli alzavano le spallucce come per dire che «staranno a casa loro... l'America è talmente lontana... per quale motivo l'americani dovrebbero venire a prendersi il raffreddore in mezzo al freddo della Polonia?»

E allora si mise a strillare «Viva la Russia, viva i russi!» e quelli ringraziavano regalando tutto quello che c'avevano in saccoccia, dalle sigarette alle scatolette di carne e tutte le bottiglie di vodka che s'erano portati appresso.

I prigionieri di Racibórz incominciarono a uscire dalle baracche. Quelli morti durante la notte venivano portati in braccio e messi tutti vicini per il riconoscimento. Pure Giubileo era stato portato fuori dalla baracca e quando le polacche se lo trovarono davanti gli venne uno sturbo.

I morti stavano sdraiati per terra e a vederli cosí pareva che aspettavano in fila. In fila come tutte l'altre volte che s'erano incolonnati per andare al lavoro, per tornare nelle baracche, per lavarsi. Pure mo' che erano morti dovevano rispettare il turno. Pure mo' stavano incolonnati per farsi riconoscere, per farsi riconsegnare un nome almeno da morti, dopo tanto tempo che erano stati chiamati solo con un numero. E le due polacche che erano tanto contente dell'arrivo di questi russi liberatori, mo' si trovavano 'sto marito morto in mezzo a tutti quei deportati di mezza Europa e non si raccapezzavano come poteva essere capitato in mezzo ai prigionieri di Racibórz.

La moglie del tedesco si dannò per tutte le porcherie che aveva fatto proprio quella notte... e proprio a pochi passi dalla salma del marito.

Poi si mise in ginocchioni a piangere.

Primo cercò di spiegargli l'equivoco, ma non c'era verso. Quella si pianse l'anima, mentre che la sorella un po' piangeva e un po' smoveva la testa a destra e a sinistra che ancora non ce credeva di trovarsi 'sto cognato tedesco morto in quella maniera...

Primo c'aveva la difficoltà della lingua e non gli riuscí di farsi capire. E poi pure a lui gli erano venuti i lucciconi e si stava a commuovere davanti a quel morto ragazzino.

Si strinsero forte e ancora per un po' si incartarono in quella puzza che l'aveva accompagnati per tutta la notte. Se lo caricarono e lo portarono fuori dal campo. Camminarono per un pezzetto di strada fino al paese di queste due polacche, mentre che le mosche già avevano incominciato a volargli attorno. Un mucchietto di mosche nere gli andava appresso con pazienza e pareva un piccolo funerale.

Poi il funerale vero glielo fecero al paese con tanta gente che seguiva la bara. Quel soldato tedesco era conosciuto da tutti. Tutti gli piansero appresso senza sapere che si trattava di un povero italiano capitato per caso al Quadraro e deportato da quelle parti. Ma Primo era contento che gli stavano a fare un bella cerimonia con tante lacrime e tanti fiori e si associò volentieri.

Lo seppellirono nel camposanto di quel paese. Un paese che Primo non gli è mai riuscito di impararsi il nome e per poter dire qualcosa di preciso alla famiglia se l'era fatto scrivere su un pezzo di carta da quelle due sorelle. Poi il pezzo di carta se l'è perso e alla famiglia in Italia gli ha dovuto dire che era morto a Varsavia... che era l'unica città polacca che gli riusciva di ricordarsi.

Dopo qualche ora salutò le polacche e se ne tornò al campo. I russi cercavano gente che si arruolasse con loro e Primo entrò nell'esercito russo dei comunisti sovietici.

Tre giorni dopo gli avevano dato la divisa e il fucile e partí per la Germania che era già stata liberata. Lo caricarono sul treno che era una bella giornata. Per tutto il viaggio se ne restò in piedi a guardare fuori dal finestrino.

Dal treno si vedeva l'Europa che si stava scongelando. Sui campi deserti e arati solo dalle bombe si scioglieva la neve e in mezzo tornavano a galla i morti. Qualche fila di contadini andava a sminarli per piantarci le patate. Camminavano in fila indiana per non saltare per aria e si dividevano la terra a scacchi per non dimenticarsi di setacciare manco un centimetro.

Al confine il convoglio rallentò, perché vicino alle rotaie c'era un mucchietto di ragazzini. Salutavano la gente sul treno e dietro di loro c'erano solo i vecchi e le donne a lavorare nei campi.

Di tutta la generazione di mezzo pareva che non ci fosse rimasto nessuno. Primo pensò che gli uomini adulti erano 'na razza quasi scomparsa dal mondo, e in mezza Europa ne restavano solo pochi esemplari. Qualcuno era sopravvissuto in cattività tra nascondigli e galere, l'altri tornavano mezzi ciancicati dalla guerra.

Undici

La primavera del 1945 passò in Europa come un trattore.

L'esercito russo che aveva liberato la Polonia stava attraversando la Germania ed era sceso nell'Austria. Primo attraversò le Alpi insieme ai carri armati con la stella rossa sovietica. Passarono il Brennero e raggiunsero Verona. A Bologna entrarono nella città incontrandosi coi partigiani slavi arrivati dal Friuli appena liberato e il giorno appresso sfilarono sotto le torri con i marinai russi che erano sbarcati in Romagna. L'americani che sarebbero dovuti arrivare a Roma in pochi giorni nel mezzo dell'inverno del '44 erano stati fermati. Lo sbarco di Anzio era stato un disastro e a giugno dell'anno prima i tedeschi l'avevano ributtati a mare. Cosí l'Italia era uscita dalla testa dell'angloamericani che avevano spostato tutte le truppe sulla costa atlantica della Francia. Dopo la sconfitta romana erano sbarcati in Normandia... ma la Germania per difendersi aveva costretto pure la Spagna ad entrare in guerra. L'asse Roma-Berlino-Tokyo era diventato un quadrangolo dove il quarto vertice stava a Madrid. Gli spagnoli avevano attraversato la Francia in tre giorni e stavano ancora combattendo contro l'americani sulla costa occidentale. Le truppe spagnole di Francisco Franco li stavano spingendo verso la costa su cui erano sbarcati e l'avrebbero ricacciati indietro fino alla spiaggia di New York dall'altra parte dell'oceano... e per poco i spagnoli si riconquistavano l'America come ai tempi di Cristoforo Colombo.

Dall'altra parte, intanto, anche l'India e la Cina erano entrate in guerra... nella guerra che ormai tutti chiamavano mondiale. I cinesi si affiancarono ai russi... i cinesi erano tanti! Erano tutti piccoletti, ma pure se c'avevano una statura che li faceva contare per mezza persona erano tanti lo stesso. Quando i cinesi arrivarono a Bologna coi fazzoletti rossi al collo parevano tanti ragazzini tornati dalla colonia. Con loro c'erano gli indiani e tutti insieme erano un'armata inarrestabile. L'Europa non si ricordava di un esercito orientale cosí imponente dai tempi di Attila e Gengiscàn.

In pochi giorni Primo arrivò a Roma con tutto l'esercito e sfilò in divisa con la stella rossa sul cappello. Sfilò nella capitale il primo maggio del '45 insieme alle truppe russe, cinesi e indiane. Gli indiani erano i piú divertenti e s'erano portati pure le scimmie co' l'elefanti. Piú che la liberazione dal nazi-fascismo sembrava la sfilata del circo Orfei. Qualcuno andava dicendo che l'indiani c'avevano l'arma segreta di cui si andava tanto parlando durante il conflitto. Tutti si pensavano che era una nuova razza di bomba e invece erano proprio le scimmie.

La scimmia era l'arma segreta...

Palmiro Togliatti, segretario del Partito comunista, c'aveva fatto pure il discorso alla radio. Togliatti diceva che l'uomo discende dalla scimmia... diceva che noi siamo mezzi apparentati con queste bestie. E cosí... l'indiani hanno imparato a parlare alle scimmie. L'hanno mandate in avanscoperta durante le azioni di guerra e quelle hanno corso per tutta l'Europa. Hanno saltato sui rami nei boschi e sui cornicioni delle città ricostruendo percorsi e strategie del nemico tedesco. E poi le scimmie c'avevano quattro mani e tutte ambidestre e sparavano con tutte e quattro.

Il compagno Togliatti diceva che la scimmia è piú agile dell'uomo. Diceva che è intelligente a sufficienza per eseguire l'ordini... e sufficientemente stupida per non metterli in discussione. Un misto di intelligenza e imbecillità che ne faceva un perfetto soldato.

Togliatti aveva riferito che molte scimmie erano state anche promosse sul campo. Erano diventate caporali e sergenti e si parlava di una scimmia generale che aveva guidato l'assedio di Marsiglia.

Dodici

Primo se ne tornò a piedi verso la stazione Termini.

Prese il tranvetto che lo scaricò al Quadraro. Entrò per via dei Quintili e salí al terzo piano dalla madre. Quella se lo abbracciò come se il figlio gli fosse nato per la seconda volta. Gli avrebbe pure dato la zinna per ricominciare ad allattarlo per quanto s'era abituata a pensare che non c'aveva piú figli. Mo' gli pareva un miracolo che non era morto e se lo ciancicava a forza di baci e abbracci. Gli guardò il naso che tanto rassomigliava a quello del marito suo caduto in guerra. Il naso eroico che accomunava padre e figlio... e mo' quel pezzo di carne in mezzo alla faccia era diventato un naso onorevole senza dover rassomigliare a quello di nessun altro. Mo' anche Primo era un eroe. Ed era eroico dalla punta del naso fino alle unghie dei piedi.

Primo si prese quella madre e se la portò a casa di Giubileo. Se la portò in strada per mano come una ragazzina, come 'na sorella piccola. Giubileo c'aveva la famiglia a Trastevere, dietro la chiesa di San Grisogono. Il padre ferroviere li fece entrare e Primo si mise seduto con tutto il discorso in testa. Aprí bocca e raccontò. Disse del rastrellamento del 17 aprile e del cinema Quadraro. Dei stabilimenti del cinema e della buca prima di Terni. Di Carpi e di Ratibor, di Otto Schickert e della Siemens di Duderstadt. Raccontò di Giubileo e della mosca nel cassetto. Raccontò tutto fino alla sepoltura in Polonia e visto che non si ricordava il nome del paese nel quale l'avevano seppellito si inventò una cerimonia funebre a Varsavia. Poi si fece prendere la mano dal racconto e gli scappò detto che Stalin in persona gli aveva conferito una specie di onorificenza alla memoria. L'unico fatto che non disse fu quello dello scambio delle salme perché la famiglia non avrebbe gradito che sul cadavere del figlio c'avevano messo la croce con un nome tedesco.

Primo s'aspettava di vedere tutta la famiglia commossa, ma quelli si guardarono in faccia e si misero a ridere. Il padre voleva sapere se era 'no scherzo... e gli disse che «Giubileo l'abbiamo seppellito noi. L'abbiamo messo sotto terra un anno fa al Verano...»

Mo' toccava al padre di Giubileo di mettersi a raccontare, e Primo lo stette a sentire. Quel padre gli disse che Giubileo era morto a Roma già da un anno. Disse che «l'hanno trovato impiccato all'Appio Claudio. Era tutto nudo. L'hanno tirato giú dall'albero e messo su una sedia dalle parti del Quadraro, sotto a quel palazzo di via dei Laterensi... quello che è fatto a forma di cassa da morto...

A noi c'hanno chiamato per il riconoscimento e l'abbiamo visto tutti quanti... l'abbiamo visto che era proprio il figlio nostro. Qualcuno andava dicendo perfino che l'aveva visto girare in divisa tedesca. E sí... che infatti quando siamo arrivati al Quadraro per il riconoscimento tutti andavano dicendo che era proprio un tedesco... che non era il figlio nostro italiano, ma un soldato tedesco. Ma io sono sicuro che era proprio lui... che era Giubileo... e non ci si poteva sbagliare perché la faccia di Giubileo è una cosa particolare... con una chiazza rossa proprio tra il naso e la bocca...

Un vecchio dell'Appio Claudio... uno ritardato di cervello... c'ha detto che Giubileo gli ha rubato il maiale. Pure lui insisteva che era tedesco... che l'aveva sentito parlare in tedesco...

Ma quello che abbiamo visto morto è sicuro che era il figlio nostro, non era un soldato tedesco. Era proprio Giubileo che era un ragazzino che a malapena s'era imparato a farsi il nodo ai lacci delle scarpe...

E cosí noi ci siamo fatti l'idea che dal giorno del rastrellamento Giubileo è rimasto nascosto da quelle parti. Pure noi ci pensavamo che era stato portato via col rastrellamento del Quadraro, ma invece abbiamo capito che non l'hanno mai portato in Germania... che è sempre stato a Roma... che è morto a Roma.

È una tragedia, ma è successa ormai da un anno».

Primo non disse piú niente. Era sicuro del fatto suo, ma non disse niente. La madre si alzò in piedi, si scusò, fece le condoglianze a tutti e si portò via questo figlio suo. Lo prese per un braccio e lo trascinò fuori dalla porta come un qualsiasi ragazzino impunito che aveva detto una bugia grossa alla signora maestra e adesso doveva essere messo in punizione dietro alla lavagna.

Scesero in strada e attraversarono ponte Garibaldi con la madre che lo rimproverava per tutte quelle fregnacce che s'era inventato. Primo capí che era meglio non insistere.

Mo' se ne restava zitto come quelli che hanno visto i marziani.

Tredici

Era una bella giornata.

Prima di tornarsene a casa si fecero una passeggiata. Traversarono il Tevere, passarono per largo Argentina e arrivarono a piazza Venezia. Era una settimana che i romani festeggiavano, e in quella piazza ci trovarono i russi che stavano a ballare sotto al Milite ignoto. I soldati regalavano caramelle, sigarette e bottiglie di vodka e le donne parevano tutte innamorate di questi biondi militari di nome Ivàn e Vladímir. Primo e sua madre camminarono a braccetto per via del Corso. Fecero la stessa strada che aveva fatto il re un paio di settimane prima. A Primo glielo raccontò proprio sua madre. Gli disse che Vittorio Emanuele III era scappato l'8 settembre da Roma quando stavano per entrare i tedeschi. Aveva lasciato i tedeschi e s'era alleato con l'americani. Ma appena vide che 'st'americani avevano incominciato a perdere la guerra e i tedeschi l'avevano ributtati nel mare di Anzio... dice che «il re s'è messo d'accordo con Mussolini, è tornato a Roma e s'è rimesso a fare la guerra a fianco della Germania. Poi so' arrivati i russi... e il re ha provato di allearsi pure con loro... ma quelli non se so' fatti buggerà e l'hanno incarcerato. Gli hanno fatto il processo e l'hanno condannato a morte per tutte le carognate che aveva fatto. Per aver consegnato l'Italia ai fascisti, per le leggi razziali e per la guerra. Il giorno di Pasqua l'hanno caricato su una camionetta, l'hanno fatto passare per via del Corso e l'hanno portato a piazza del Popolo. Lí ci stava una gran folla di gente e hanno impiccato il re davanti a tutti. Poi il corpo l'hanno bruciato sennò i seguaci della monarchia se lo facevano a pezzetti e se lo spartivano come 'na reliquia, ma dice che la fiamma è durata poco. A Vittorio Emanuele lo chiamavano re pippetto perché era alto solo un metro e mezzo. Dice che appena hanno acceso il fuoco... s'è consumato come un fiammifero».

Primo voleva sapere pure di Mussolini, sapere «che fine ha fatto?»

E la madre gli disse che «al duce l'hanno portato a Mosca e mo' gli fanno il processo. Forse lo ammazzano pure a lui... o forse lo mandano in Siberia a spalare la neve...»

In fondo a via del Corso c'era piazza del Popolo coperta di bandiere rosse che in mezzo al tramonto parevano d'oro. Primo e sua madre si presero un caffè al bar Canova. Vicino a loro c'era una scimmia in divisa che prendeva un caffè appresso all'altro e salutava gentilmente dicendo *buongiorno e buonasera*...

Un soldato stava seduto sui scalini sotto all'obelisco in mezzo alla piazza. Vicino ci stava una ragazza romana. Lui stava per tornarsene in Russia e lei si staccò un bottone di vetro azzurro che c'aveva sul vestito. Se lo staccò e glielo diede come ricordo. Allora il russo aprí una saccoccia della borsa e tirò fuori una specie di bambola di legno. Una cosa tutta dipinta che si apriva e dentro ci stava un'altra bambola fatta alla stessa maniera. E pure quella che stava dentro si apriva... e dentro ce ne stava un'altra... e dentro a quella bambola ce ne trovò un'altra ancora. La ragazza pareva che mo' era diventata 'na matta. E piú apriva bambole e piú gli scappava da ridere... e diceva che «da noi ce stanno le ova de Pasqua, ce stanno le ova co' la sorpresa, ma una volta che l'hai trovata è finita... fine dell'ovo... fine della Pasqua... 'Sta bambola vostra, invece, è tutta una sorpresa... è tutta 'na Pasqua...» e rideva come una ragazzina.

Alla fine prese le bambole e le mise tutte in fila. Le contò e erano una ventina e l'ultima era piccola quasi come il bottone di vetro azzurro che s'era staccata dal vestito. Erano tutte uguali. Tutte metà della stessa goccia. Pure l'ultima si apriva, ma dentro non ce ne stava un'altra piú piccola.

Dentro all'ultima bambola ci stava un mucchietto di neve. La neve del paese suo... di quel soldato russo... la neve di un paese sperduto da qualche parte in mezzo alla neve russa. Un paese che nemmanco lui lo diceva mai il nome perché nessuno lo conosceva. Allora forse quel soldato diceva che veniva da Mosca anche se il paese suo stava in mezzo a una neve diversa. E dentro a quell'ultima donnetta di legno ci stava la neve che s'era portato dietro e che era rimasta gelata dentro a tutto quel groviglio di bambole.

Dentro a tutti quei ventri di madre.

Era il 4 giugno del 1945.

Quattordici

E questo è il racconto che fece l'uomo col braccio infilato nella grata di ferro.

Lo fece a mio padre, a mio nonno Giulio, al ragazzino invecchiato dal bombardamento, al barbiere morto e resuscitato, al cane e al ragazzino paraculo con la cariola di patate.

Tutti si guardarono in faccia e non gli ritornavano i conti. L'uomo col braccetto secco parlava dei russi che avevano liberato Roma, delle scimmie indiane, dei cinesi e s'era fatto prendere dal discorso al punto che la storia sua era arrivata fino all'estate del 1945.

«A scemo de guerra... – gli disse mio padre, – guarda che stamo ancora nel '44... oggi è il 4 giugno del 1944... è domenica!»

Ma qualcuno s'era fatto impressionare da quel racconto e si girava verso i soldati che aspettavano immobili sotto l'arco di Primavera. Li guardò e disse che «allora quelli so' soldati russi... Non so' né americani, né tedeschi... so' russi...»

Un gruppetto di quei soldati montarono su una camionetta e cercarono di attraversare il pezzo di strada che li separava dalla scuola Cagliero e da tutto il resto della città di Roma, ma una cannonata tedesca sparata dal carro armato Tigre che stava all'arco di Travertino li colpí in pieno.

Nino entrò nella casa diroccata e salí le scale. La stanza dove stava il padrone della cipolla era ricavata sotto a quello che era rimasto del tetto. La stanza era piena di cipolle... cipolle da tutte le parti. Lo scemo stava appoggiato al muro con il fucile mezzo infilato nella grata e gli disse di mettere la cipolla nel mucchio, ma gli annunciò pure che «c'ho le duecento lire che vi mancano», si cercò nella saccoccia e gliele allungò tenendole strette in mano... una mano secca secca che stava attaccata a un braccio ancora piú striminzito. «Co' 'ste ducento lire si arriva a mille. Pure io vorrei entrare nella società, e quando ammazzate il maiale portatemene un pezzo... sennò ridateme i soldi».

Nino prese i soldi e uscí fuori lasciando lo scemo dentro a quel sottotetto. Lo lasciò appoggiato all'angolo della stanza in mezzo alle cipolle. Ma prima di uscire rimase a guardarselo per un po', perché non gli rassomigliava a una persona vera... quello era talmente secco e smagrito che pareva un disegno sul muro.

La società era cosí costituita:

la sora Irma	lire 300
il sor Giulio e Nino	lire 200
il ragazzino invecchiato	lire 100
il barbiere resuscitato	lire 100... *scarse*
il ragazzino paraculo	lire 100... *dopo la vendita delle patate*
lo scemo	lire 200

Tranne che per l'incertezza della *scarsità* nella quota del barbiere le mille lire erano state raggiunte. Mo' toccava mettere assieme tutti i quattrini, contarli e correre a Frascati dal parente della sora Irma per comprarsi il maiale prima che i russi liberavano Roma.

Mi' padre, mi' nonno, il ragazzino invecchiato, il barbiere resuscitato e il ragazzino paraculo, col mandato della sora Irma e dello scemo di guerra e l'accompagnamento del cane e della cariola di patate passarono per l'archi del Mandrione e scesero verso la ferrovia. Alla salita del Quadraro ci girarono intorno, camminarono sopra i binari e arrivarono al Quadraro vecchio. Lí ci trovarono i soldati stravaccati in mezzo alla strada e la gente che festeggiava. 'Sti soldati erano tutti pacifici e bonaccioni e regalavano sigarette, caramelle e cioccolate. Tutti i membri della società del maiale dopo una giornata sana che traversavano Roma a piedi si fecero prendere dalla smania e strillarono «Viva i russi! viva la Russia!»

Ma appena che parlarono loro... si azzittarono tutti l'altri.

La gente se li guardò come si guarda la donna pelosa del circo.

«Ma perché?... non so' arrivati i russi?» chiese mi' nonno.

E tutti cercarono di fargli capire che quelli erano americani.

Ma allora mi' nonno voleva sapere «i russi 'ndo stanno?»

Ma quelli alzavano le spallucce come per dire che «staranno a casa loro... la Russia è talmente lontana... per quale motivo i russi dovrebbero venire a abbronzarsi al sole di Roma?»

E allora si misero a strillare «Viva l'America... viva l'americani...»

Ma adesso erano i soldati a storcere la bocca. Uno s'alzò in piedi e gli spiegò che tutto un gruppo di loro erano inglesi e tanti altri erano polacchi. E poi ci stavano i marocchini e parecchi che erano addirittura italiani... insomma... italiani d'America, gente emigrante... ma comunque erano gente che parlavano l'italiano... e che insomma non ci stavano solo l'americani. Cosí mio padre e mio nonno non dissero niente... ché mica si potevano mettere a strillare «viva l'americani, i polacchi, i marocchini...» mica se potevano mette a fa' l'appello.

Intanto il carro armato tedesco che stava all'arco di Travertino s'era allontanato con tutto il resto dell'esercito germanico che stava lasciando Roma. I soldati del Quadraro si alzarono in piedi, si misero in fila e ricominciarono la loro marcia verso il cuore dell'Urbe. Nino si guardava tutta 'sta sfilata di soldati che arrivavano da mezzo mondo. C'erano l'americani nipoti dei pistoleri del vecchio West e i polacchi, l'inglesi e i negri dell'Africa, l'italiani d'America e l'americani del Brasile... e in fondo alla fila ci stava pure qualche russo.

Non erano le truppe che gli aveva raccontato lo scemo di guerra. Erano i prigionieri dei tedeschi scappati dal carcere di Spoleto. Non c'avevano le bandiere rosse e manco i cinesi al seguito... e non c'erano le scimmie ammaestrate che dicevano *buongiorno e buonasera*...

Lo scemo di guerra dietro alla grata arruzzinita aveva raccontato di emozionanti sfilate che parevano quelle del circo e invece 'sti soldati erano talmente sdruciti che si muovevano strascinando i scarponi per terra. La maggior parte di loro andava a piedi, ma qualcuno c'aveva pure l'automezzo... e si trattava di certe camionette scalcagnate che non rassomigliavano manco da lontano ai catafalchi luccicanti delle parate. A guardarle passare sulla Tuscolana parevano un avanzo di guerre perse.

Quindici

Il ragazzino paraculo trovò da vendere le patate.

Poi tutti assieme se ne andarono a via dei Laterensi 35 a casa di mio padre e mio nonno... il palazzo fatto a forma di cassa da morto. Se ne andarono a contare i soldi. E mentre che tutti l'altri soci contavano mio padre restò per strada. Assieme a l'altra gente del Quadraro se ne andò verso la Tuscolana dove avevano portato un morto. A questo morto l'avevano messo seduto su una sedia. L'avevano messo lí perché non si capiva ancora che razza di persona poteva essere. Se era un eroe da portare in trionfo o una carogna da sputargli addosso. E non si poteva manco capire dal vestito perché questo stava nudo.

Qualcuno diceva che si trattava di un partigiano. Uno che stava con la banda del Gobbo del Quarticciolo, quello che aveva ammazzato i tre tedeschi all'osteria del Piccione a Pasquetta. Uno che aveva fatto 'sta azione di ammazzare quei soldati tedeschi... e forse anche per questo i tedeschi, per rappresaglia, avevano rastrellato un migliaio di persone al Quadraro.

Qualcuno diceva che si trattava di un americano, una spia che era arrivata quando Roma era ancora occupata. Ci stava un sergente mezzo italo-americano che diceva di averci i documenti che provavano 'sto fatto.

Un ferroviere di Trastevere, invece, era sicuro che si

trattava del figlio suo. Diceva che si chiamava Giubileo.

Qualcun altro era convinto che poteva essere un militare tedesco. Uno che s'era spogliato della divisa per non farsi riconoscere che era di quell'esercito lí.

Di sicuro ci stava solo che era morto. E qualcuno diceva che «è pure morto male. Guarda che macchia rossa che c'ha tra il naso e la bocca... mi sa che gli hanno sparato proprio in mezzo alla faccia!»

E Nino lo sapeva che quella macchia lí ce l'aveva pure da vivo. Lo sapeva che quel morto era il tedesco che gli aveva sparato addosso mentre raccoglieva le pigne all'Appio Claudio.

Mio padre poteva mettersi a raccontare tutto quello che sapeva di questo morto con la chiazza in faccia.

Poteva dirgli che un anno prima stava in un paese della bassitalia dov'era nato pure un ragazzino che era invecchiato col bombardamento di San Lorenzo. Un paese dove era arrivato il barbiere con le mani belle... e proprio quel barbiere aveva incontrato al soldato con la voglia che pareva 'na carta geografica... e l'aveva visto mentre ammazzava l'americani lungo il fiume... e poi, il giorno appresso, quando si mangiava le fusaje.

E poteva dire che quel soldato chiazzato aveva fatto sotterrare il prigioniero russo con le scarpe belle da un vecchio guardiano dei porci...

E poteva dire che stava sposato con una polacca che lavorava allo spaccio nel campo di concentramento di Racibórz... e se mio padre si metteva a raccontare gli avrebbe detto vita, morte e miracoli di questo qua.

Però mio padre non disse niente. Aveva capito che i fatti succedono, ma nessuno li può raccontare. E quando uno si mette a raccontare... racconta e racconta... e all'inizio dice quello che è successo veramente, ma poi finisce per raccontare quello che avrebbe voluto che succedeva. E se, in quella giornata, pure mio padre si metteva a raccontare storie chissà dove sarebbe arrivato.

Avrebbe fatto la fine dello scemo di guerra che parlando parlando s'era inventato che i russi erano arrivati in Italia con le scimmie indiane...

Ma una cosa mio padre non la sapeva proprio. Non sapeva chi era il tedesco e perché era arrivato a Roma. Non sapeva che c'era venuto perché era un disinfestatore. Uno che era stato chiamato per disinfestare le fogne del mattatoio di Roma, dell'ammazzatora. Il tedesco con la chiazza in faccia s'era fatto un giro nella cloaca. Poi ai superiori gli aveva detto che non ci stava niente da fare. Dice che a Roma erano duemila anni che c'ammazzavano bestie. Dice che sotto alle condotte ci stava talmente tanto sangue che era pieno di bestie che se lo succhiavano. Dai sorci alle formiche, dalle zanzare agli scarafaggi la popolazione fognaria era sterminata e mo' ci sarebbero voluti altri duemila anni per cacciarli via tutti.

Cosí la disinfestazione non s'era potuta fare, ma il disinfestatore tedesco era stato lasciato a Roma e l'avevano messo a disinfestare le divise dei soldati.

Lui il lavoro suo lo faceva bene, ma sapeva che la disinfestazione totale è impossibile. L'esempio piú pratico era quello dei bagarozzi. Quando il padrone di casa trova i bagarozzi chiama il disinfestatore. Quello gli dice che «i bagarozzi fanno il nido, bisogna trovare il nido...» Allora il padrone di casa segue le bestiole fino a stanare il nascondiglio dove stanno tutte le altre. Ma gli scarafaggi si appiattiscono fino a diventare di spessore millimetrico. Si infilano tra le pagine dei libri, dietro il battiscopa, sotto i mobili e persino nei fili della corrente. Bisogna smontare casa per trovare il buco dove hanno fatto il nido. Ma ammettiamo che il padrone di casa trovi il quartier generale dei bagarozzi e lo riempia di veleno. Se tutto è andato bene il giorno appresso le schifose bestiole sono scomparse. Ma il disinfestatore sa bene che ne sono morte solo una piccola quantità. I superstiti, che sono la maggior parte, si sono trasferiti in un altro buco, hanno fatto un altro nido in un altro appartamento.

Il disinfestatore sa bene che disinfestare una casa significa infestarne un'altra.

E poi c'è il problema dei cadaveri. I bagarozzi morti attirano le formiche. E dopo la cacciata dei bagarozzi bisogna occuparsi delle formiche... seguirle fino al nido e buttare il veleno. Ne morirà qualcuna, ma la maggior parte si salveranno. Si trasferiranno. Andranno a infestare l'appartamento del vicino... quello che è già stato infestato dai bagarozzi scappati dalla precedente disinfestazione.

Ma anche le formiche lasceranno i loro morti in pasto a insetti ancora piú piccoli. Fino a che il padrone di casa crederà di aver fatto piazza pulita e non si accorgerà di aver cacciato i bagarozzi e le formiche per lasciare la sua casa in mano a insetti invisibili di cui non conosce manco il nome.

Nell'universo degli insetti non succede come nel mondo nostro dove il pesce grande mangia quello piccolo. Tra loro è una questione di numero, e non di grandezza. Piú gli insetti sono piccoli e piú si riproducono, occupano territori. Piú sono piccoli e piú sono tanti. E tanti insetti piccoli divorano l'insetto grande.

La stessa cosa succedeva con le divise. Il disinfestatore tedesco andava a recuperare le divise dei soldati morti. Le portava alla disinfestazione e poi le consegnava a qualche soldato nuovo arrivato. Ma nelle ultime settimane gli capitavano per le mani sempre le stesse divise. Non si faceva in tempo a consegnarle disinfestate che il nuovo padrone era già morto e la divisa tornava al disinfestatore. E anche con le divise succedeva la stessa cosa dei bagarozzi negli appartamenti. Dopo il trattamento la divisa non era pulita. Il soldato se la metteva addosso con gli stessi parassiti che c'erano prima. Solo che si trattava di parassiti morti. Cadaveri di bestiole che attiravano altri insetti piú piccoli che sarebbero morti nella successiva disinfestazione.

Forse era proprio di questo che andava sempre parlando il tedesco con la chiazza in faccia. Forse al soldato russo, la sera prima di ammazzarlo, gli parlava proprio degli insetti, di come sterminarli, delle bestiole che c'aveva addosso anche lui... e che stavano anche dentro alle sue scarpe di seta arabesca... anche se parevano belle pulite.

Forse gli diceva che ammazzare una mosca è una cosa di poco conto.

Schiacciare una zanzara sul muro e godersi la macchia rossa di sangue è pure una soddisfazione, perché ti congratuli d'avere ammazzato una bestia che t'ha appena succhiato il sangue. Ma schiacciare centinaia di zanzare sul muro, migliaia di mosche, milioni di pidocchi... significa aver compiuto uno sterminio.

E lo sterminio non è una cosa di poco conto.

Non lo è nemmeno quando a morire sono i pidocchi.

Allo sterminio non ci si abitua.

E il soldato tedesco con la chiazza rossa in faccia, il disinfestatore non ci si era abituato. Il 4 giugno del 1944 quando l'esercito tedesco era pronto per lasciare Roma lui è scappato. Ha pensato che non gli andava di lasciare Roma con tutti l'altri tedeschi. Non gli andava di mettersi a scappare come fanno i bagarozzi e le formiche. Lasciare un appartamento dove c'hanno buttato il veleno per andare a infestarne un altro.

Cosí ha lasciato i suoi camerati e s'è levato la divisa. Una divisa piena di bestie morte. Bestie di tutte le taglie dalla cimice all'insetto infinitesimo di cui non si conosce il nome. S'è levato la divisa per scrollarsi di dosso tutto quel camposanto. S'è spogliato e ha bruciato la divisa in maniera che almeno quella non sarebbe finita addosso a qualcun altro con tutto il carico di cadaveri.

Gli avevano insegnato che tra l'uomo e la bestia c'è sempre una differenza... e questa differenza si vede in punto di morte. Gli avevano detto che «le bestie muoiono e basta, ma l'uomo muore con onore». E quando l'uomo è un soldato muore con eroismo. Gli avevano insegnato che l'eroismo distingue la morte di un soldato dalla morte di una mosca.

Cosí lui s'è spogliato e se n'è andato alla pineta dell'Appio Claudio.

Si è arrampicato su un albero e s'è impiccato alla biforcatura di un ramo.

S'è impiccato senza la corda.

Forse ha pensato che le mosche si fanno sterminare dal didditτí, ma non si impiccano.

Forse ha pensato che anche il suicidio distingue l'uomo dalla bestia.

Ha pensato che di uno che muore nudo non resta niente. Basta poco tempo e se lo mangiano le mosche. E adesso quel cadavere nudo e senza stemmi, divise o bandiere se lo litigavano tutti per dire che era morto un altro tedesco o un altro americano o un altro partigiano... per aggiungere un morto al proprio elenco dei caduti.

L'avevano messo seduto su quella sedia nello spiazzo del Quadraro tra la Tuscolana e via dei Laterensi. C'è rimasto per qualche giorno e tutti si sono accorti che l'insetti a lui non gli si avvicinavano. Gli altri cadaveri si riempivano di bestiole e invece con lui le mosche giravano a largo. I bagarozzi quando arrivavano a via dei Laterensi cambiavano strada.

Il soldato tedesco con la chiazza rossa in faccia forse non aveva ammazzato quasi nessuno e c'aveva la coscienza pulita, ma di insetti ne aveva sterminati tanti e mo' quelli non gli volevano fare il piacere di cancellarlo dal mondo.

Le mosche non mangiano un disinfestatore.

Il pomeriggio del 4 giugno 1944 mio padre se lo guardò per una mezz'oretta a questo corpo spogliato che pareva uno che si stava a prendere il sole. Se lo guardava e gli pareva Gesucristo perché di cadaveri senza mutande l'aveva visti soltanto in chiesa attaccati alla croce.

Poi scesero in strada anche mio nonno, il ragazzino paraculo, il ragazzino invecchiato, il morto resuscitato e il cane. Se ne andarono verso la fermata di Cecafumo. Presero il tranvetto e s'allontanarono per la campagna romana verso la pineta dell'Appio Claudio, verso l'archi dell'acquedotto che stanno in piedi da secoli.

L'archi sbrecciati che nel controluce parevano bestie preistoriche che brucano l'erba. Parassiti enormi che si mangiavano il cadavere del pianeta sterminato dalla guerra.

Sedici

La guerra era finita.

Il coprifuoco non ci stava piú e la gente se ne andava in giro senza pensare all'ora.

Arrivarono a Grottaferrata che i paesani stavano tutti per strada. Poi andarono a piedi verso Frascati e trovarono la casa del parente della sora Irma. Pure lui festeggiava e stava già mezzo imbriaco. Lo presero da una parte e gli spiegarono che c'avevano le mille lire e che si sarebbero presi il maiale. Mio nonno gli chiese se «è ancora viva 'sta bestia?»

E quello gli disse che «speriamo... io non l'ho ammazzata, ma so' due settimane che non magna... È gia da qualche giorno che non passo manco a vedere come sta... qui a Frascati siamo rimasti pure senza l'acqua... e a quella bestia manco l'acqua gli abbiamo potuto dare...»

Scesero per una piazzetta e arrivarono alla porcilaia.

Il maiale lo trovarono morto.

Pareva 'na cagna secca secca di quelle che vanno in giro randage e arrabbiate. La cotenna gli era diventata viola e era ricoperta di mosche. E tutto quel buco di porcilaia era piena di mosche che ronzavano... e ce ne stavano talmente tante che se l'avessero potute pesare saranno state almeno un quintale... che se le mosche erano commestibili avrebbero fatto un affare a spendere le mille lire per comprarsele al posto del maiale.

Il parente frascatano della sora Irma disse che non poteva fare diversamente, che «il maiale non lo potevo ammazzare perché sennò avrebbe strillato e mi sgamavano subito che l'avevo rubato io... sennò me l'ero già magnato... ma nemmanco potevo sfamarlo perché sennò non mangiava la famiglia mia... me conforta solo che l'ho rubato e so' riuscito a non fallo magnà ai tedeschi! È meglio che se lo so' magnato le mosche...»

E le mosche ronzavano sazie e contente nell'aria zozza della porcilaia frascatana. Pure loro festeggiavano la liberazione con quel pasto reale che gli sarebbe durato ancora un bel po'.

Ronzavano le mosche perfette e pacifiche che non l'ammazza manco la guerra... e pure il parente imbriaco se ne tornò a festeggiare... e pure tutti l'altri se ne tornarono verso Roma per festeggiare pure loro.

La società del maiale si sciolse e ognuno si riprese la quota sua. La parte dello scemo di guerra se la prese Nino e gliel'avrebbe riportata il giorno appresso... se quello campava ancora... se non gli aveva preso un colpo a vedere tutti quell'americani... che pure lui avrà scambiato per l'esercito russo come Cristoforo Colombo aveva fatto con l'America prendendola per la costa dell'India.

Come è andata a finire

Lo scemo di guerra pareva morto.

Mio padre raccontava che quando tornò nel sottotetto diroccato lo trovò steso in mezzo alle cipolle. Chiamò aiuto. Arrivò qualcuno. Una donna lo coprí con un lenzuolo, ma quello era ancora vivo e lo portarono all'ospedale. Uscí alla fine dell'estate, prese il tranvetto dalla stazione Termini e se ne andò sulla Casilina dove si ricordava che gli era rimasto qualche parente. Ma quando lo scemo di guerra è tornato a casa non c'ha trovato né la casa, né la famiglia... ché la Casilina era stata bombardata piú di una volta e l'ultima era stata proprio alla fine di maggio dalle parti di Torrenova. L'americani mitragliavano tutto quello che si muoveva attorno alle strade importanti... e in quelle ultime ore colpirono anche le case fatte di muri a secco e bandoni in quella campagna di pecorari.

Cosí lo scemo s'è rimediato una cariola e una pala... s'è messo a scavare per cercare i resti della famiglia sua e della casa dove abitava. Pare che c'ha messo una settimana a mettere ordine in tutto quel disordine, ma alla fine ha trovato qualcosa di tutti quanti... della madre... del padre... della sorella e dei fratelli... una scarpa, un pezzo di vestito, 'na catenina... e quello che ha potuto rimediare se l'è portato al camposanto per metterlo sotto terra con una croce e un nome. Poi ha incominciato a portare via pure i pezzi di mobili, bicchieri, le finestre e le porte sfasciate... con la cariola ha portato tutto in campagna e ha sotterrato pure i mobili rotti, le cose... i cocci. E poteva diventare matto e continuare a seppellire pure i mattoni di casa sua, ma non l'ha fatto. Non è diventato matto.

Questo qui si chiamava Ranalli Giacinto.

Dopo la guerra s'è preso la licenza e s'è messo a vendere fiori.

Appena tornato a Roma il ragazzino paraculo andò dal fruttarolo a cui aveva venduto le patate rubate ai tedeschi. Ci tornò perché voleva ricomprarsele. Quello gli disse che le patate l'aveva già rivendute e cercò di ammollargli un po' di frutta... poi gli disse di tornare il giorno dopo... poi il ragazzino paraculo restò a lavorare da lui e per quarant'anni ha fatto il fruttarolo.

Il giorno appresso il ragazzino invecchiato è tornato alla stazione per attaccare il turno da facchino. Prima è passato dal pasticcere che ha insistito ancora per farlo ritornare a bottega. Lui s'è preso un'incartata di gialletti ed è andato a lavoro. Alla stazione c'è stata una sparatoria, un fascista l'ha visto in divisa, l'ha scambiato per un soldato e gli ha sparato addosso.

La pasticceria, invece, c'è ancora e sta in una traversa di piazza Vittorio. Il pasticcere che ci sta adesso è il nipote dell'altro che ci stava al tempo della guerra. Conosce tutta la storia, ma dice che il ragazzino che lavorava a bottega dal nonno è morto insieme alla sorella piccola durante il bombardamento di San Lorenzo. Dice che il padre è diventato matto e fino a quando non gli hanno sparato è rimasto convinto di essere il proprio figlio.

Il barbiere che era morto e resuscitato... è rimorto quasi subito. L'hanno trovato steso sul letto col vestito buono e per metterlo sotto terra manco c'è servito di rivestirlo. È bastato di dargli una pettinata...

Il cane invece ha campato altri vent'anni stabilendo un record di anzianità per una bestia della sua razza.

La trattoria della sora Irma ha funzionato per molto tempo senza mai ripitturare le pareti zellose del cesso e una quindicina di anni fa è diventata un ristorante cinese.

Al guardiano dei porci l'hanno trovato morto nella buca antischegge dove s'era rifugiato la mattina del 4 giugno. Il medico dice che è morto disidratato. L'hanno trovato tutto rinsecchito come una mummia e con quelle scarpe belle che c'aveva ai piedi pareva una specie di faraone.

I rastrellati del Quadraro tornarono a casa, ma dopo sessant'anni ancora non sappiamo quanti so' morti e quanti sopravvissuti. Molti hanno raccontato quello che gli è successo solo parecchio tempo piú tardi. Qualcuno è arrivato fino al 2000, anno in cui il governo tedesco ha stanziato cinquecentoquaranta milioni di marchi per indennizzare le persone costrette ai lavori forzati dal regime nazista. Ma la maggior parte degli internati italiani, e con loro anche i rastrellati del Quadraro, vennero considerati prigionieri di guerra... dunque con l'obbligo di svolgere un lavoro per l'esercito che l'aveva catturati... e senza diritto di essere pagati. In questi ultimi mesi incominciano ad arrivare gli indennizzi anche per i quadraroli che sono finiti nel campo di Fossoli e poi nelle fabbriche tedesche.

Ad aprile dell'anno scorso al Quadraro è stata conferita la medaglia d'oro al valor civile.

Mio nonno Giulio dopo la guerra si è comprato un lotto di terra a Morena e c'ha costruito casa. In questa casa io c'ho vissuto insieme a mia moglie Sara fino al mese di luglio dell'anno scorso. In piú... su mia moglie vorrei aggiungere che è la nipote di Antonio Severoni, il portiere del palazzo a cassa da morto di via Laterensi 35.

Il cinema Iris è peggiorato fino agli anni Settanta quando lo chiamavano *l'unghiata nel muro*. Negli anni ha cambiato nome e adesso si chiama cinema Gioiello. Mio nonno c'ha lavorato per molti anni, poi è andato in pensione ed è morto il 1° marzo del 1982 all'età di ottant'anni.

Mio padre Nino c'aveva otto anni a giugno del '44. Ne avrebbe compiuti nove alla fine dell'estate. Proprio in quei giorni venne mandato a bottega da un artigiano di San Lorenzo per impararsi un mestiere e cosí ha incominciato a fare il restauratore di mobili. Poi si è sposato con mia madre Piera che faceva la parrucchiera e anche loro hanno comprato un lotto di terra a Morena, c'hanno fatto casa e adesso io e Sara ci siamo trasferiti al primo piano di quella palazzina.

Mio padre ha raccontato questa storia per tutta la vita. Io l'ho ascoltata per trent'anni.

Devo dire pure che mio padre non la raccontava proprio in questa maniera.

Devo dire che certe cose l'ho sentite da qualcun altro e parecchie me le sono inventate.

Ma la sua storia del 4 giugno 1944 l'ha raccontata veramente per tutta la vita.

Era proprio la sua, quella che gli dicevamo «parla del tedesco che s'è fatto pisciare in testa... parla della cipolla...» e lui raccontava.

L'ha raccontata fino alla fine.

Pensava che era 'na bella storia. Una cosa da farci un film.

E soprattutto negli ultimi giorni parlava molto. Non solo della guerra, del cinema Iris, del 4 giugno e del sor Giulio, ma anche del paese dove era nata sua madre in altitalia. S'era preparato per ritornarci e cercare notizie di sua nonna Elisa e di suo nonno... e s'era ricordato che questo nonno era stato un carabiniere... e gli pareva che l'avevano ammazzato durante la guerra.

Poi ha incominciato a dire a mia madre come doveva essere divisa la casa, i soldi, la terra e a chi doveva lasciare i ferri che aveva usato a bottega per cinquant'anni.

Verso la metà di febbraio ha perso la voce.

Un giorno s'è fatto dare un foglio e c'ha fatto una firma. Nella testa sua quella firma era l'unica cosa scritta che doveva dare un senso a tutto il resto del testamento. Un testamento che aveva detto a parole, tutto raccontato.

Ha pisciato, ha fatto l'occhietto all'infermiera ed è morto in serata.

Era il 18 febbraio del 2003.

Da quando mio padre è morto ho incominciato a sognarmelo.

Quando era vivo non me lo sognavo mai.

Ma adesso quando mi viene in sogno io non glielo dico che è morto, perché c'ho paura che se glielo dico scompare. Soltanto una volta gliel'ho detto. Gli ho detto: «Papà, ma tu sei morto...»

Lui è caduto. Io l'ho sorretto e lui mi si è rotto tra le braccia.

Cosí adesso non gli dico piú niente.

A ottobre dell'anno scorso ho incominciato a raccontare 'sta storia in teatro. Dura un'ora e quaranta e alla fine dello spettacolo si sente la voce sua registrata. Io sto seduto sul palco e mi guardo gli spettatori che lo stanno a sentire. Mio padre parla della cipolla e del sor Giulio, del tedesco che s'è fatto pisciare in testa e dell'americani. Qualcuno si mette a ridere. Pure io mi metto a ridere.

Poi quando sto a casa mi riguardo le fotografie di mio padre. Le piú vecchie sono quelle che s'è fatto al militare. Fino a vent'anni non l'hanno mai fotografato. Quelli erano tempi che i poveracci si facevano fare il ritratto non piú di un paio di volte nella vita. Al militare e al matrimonio e quello che veniva meglio si riciclava per la lapide al camposanto. Eppure i ricordi suoi stavano quasi tutti in quei giorni di guerra quando era ragazzino, per le strade dove nessuno lo andava a fotografare. Di quel momento si ricordava tutto e gli piaceva di ricordarselo.

E io mi penso che se raccontava sempre di quel periodo è evidente che ci si era trovato bene... anche in mezzo a tutto quel disastro, anche in mezzo a tutti quei morti, anche se pure lui aveva rischiato di morirci. Nel resto della sua vita gli piaceva di ricordarsi quegli anni strani della guerra, raccontava e tornava a riviverseli un pochetto.

Ed è in mezzo alle case sbreccolate del 1944 e per le strade che stavano a riempirsi di gente che anche a me piace di ricordarmelo alla fine di questo racconto.

Mi piace pensare a lui che stava nel palazzo a cassa da morto a via dei Laterensi o all'Appio Claudio a raccogliere pigne, al cinema Iris con mio nonno o nella bottega di San Lorenzo a imparare il mestiere. Lui che stava in mezzo e intorno ci stava Roma. E Roma in quei giorni doveva essere proprio conciata un zallazzaro. Quello che non avevano rotto i bombardamenti era stato smontato dai romani per farci il fuoco o per rattopparci qualcosa che s'era rotto o stava per crollare. Le porte e le finestre, le sedie e i tavolini e perfino i corrimani delle scale gli avevano dato fuoco per scaldarsi. Tutto il resto era messo al posto sbagliato come i campi delle periferie abbandonati per paura dei tedeschi e le patate piantate nell'orti di guerra in mezzo alle strade del centro. E mo' che la guerra era finita bisognava ricominciare tutto da capo, rimettere a posto tutta quella caciara.

Vista dall'alto la città doveva sembrare un secchio pieno di cocci.

L'unica cosa sana era il sole.

A Nino che cercava i tarli nel legno.
A Piera che cercava una fisarmonica a Torpignattara.
A Sara che cercava l'antimateria nello spazio.

Stampato per conto della Casa editrice Einaudi
presso Mondadori Printing S.p.A., Stabilimento N.S.M., Cles (Trento)

C.L. 17089

Edizione						Anno			
5	6	7	8	9	10	2005	2006	2007	2008